Betty Bethards

Interprétez vos Rêves avec le Dictionnaire des Rêves

Vivez Soleil

Couverture : Studio Pascale Carrier
Traduction : Loïc Cohen

Chemin des Deux-Communes 17
1226 Thônex (Suisse)
ISBN : 2-88058-326-8

SOMMAIRE

CET OUVRAGE
FAIT L'OBJET D'UNE ÉDITION INTÉGRALE
CHEZ LE MÊME ÉDITEUR
EN VERSION BROCHÉE, GRAND FORMAT.

Première partie

La Compréhension de Soi grâce aux Rêves

LA SIGNIFICATION DES RÊVES

QU'EST-CE QU'UN RÊVE ?

Les rêves sont-ils un phénomène étrange et mystérieux qui se produit spontanément durant notre vie nocturne ? Ou bien cette expérience universelle revêt-elle une signification plus profonde ?

Selon tous les écrits historiques, l'humanité a de tout temps accordé une grande importance aux rêves. Source de guidance, d'inspiration, de prophéties, de prédiction et de résolution des problèmes, les rêves constituent une expérience commune pour chacun d'entre nous. Ils ne sont l'apanage de personne - jeunes ou vieux, riches ou pauvres - d'aucune race, religion ou nationalité. Dans chaque culture, nous trouvons une version ou une autre du fameux "la nuit porte conseil", quand il s'agit de prendre une décision. La Bible et d'autres textes anciens sont remplis d'exemples du rôle important qu'ont joué les rêves dans l'existence des hommes.

Quelle est donc cette merveilleuse dimension qui est à la fois si proche et si lointaine ? Pour comprendre la véritable signification des rêves il nous faut rechercher, au delà des apparences, le *sens de la vie*. Pourquoi sommes-nous ici ? Quelle réponse pouvons-nous apporter à cette question éternelle : *qui suis-je* ?

NOUS SOMMES DES ÊTRES INTERDIMENSIONNELS

Les rêves nous font peu à peu prendre conscience du fait que nous sommes des êtres spirituels ou interdimensionnels. Ainsi sur terre, nous sommes *dans* la troisième dimension, ou dimension spatio-temporelle, mais celle-ci n'est pas notre lieu d'origine. Les rêves sont comme des messages qu'enverrait le Moi supérieur à l'esprit conscient. Ils nous font découvrir en nous-mêmes des sources plus profondes de connaissance, nous livrant ainsi des informations sur ce qui nous arrive dans notre vie quotidienne et sur ce qu'il nous faut faire pour résoudre les problèmes que nous rencontrons. Les rêves nous donnent également des informations sur le futur, si bien que nous sommes obligés de nous poser cette question : "Comment pouvais-je le savoir ?"

Les rêves nous aident à réaliser que cette phase de conscience éveillée, ici sur terre, n'est que temporaire. Ce que nous appelons la vie est vraiment une école. Il existe de nombreuses écoles (ou niveaux de conscience) dans l'univers, et la terre en est l'une des plus importantes. Durant notre séjour ici-bas, nous en apprenons davantage sur la véritable nature de notre être. Nous découvrons que nous sommes une énergie créatrice infinie -l'énergie d'amour - et que toutes nos blessures, déceptions et désillusions proviennent de l'incapacité à reconnaître notre véritable nature. L'essentiel, c'est l'évolution. Ou bien nous *subissons* toutes nos expériences, ou bien nous nous servons d'elles pour *évoluer*. Si nous ne faisons que les subir, alors nous les répéterons à de multiples reprises jusqu'à ce que nous ayons appris les leçons qui se cachent derrière elles. Si nous évoluons à travers elles, nous pourrons atteindre la prochaine étape du processus d'apprentissage.

LES RÊVES ET LA MORT

A travers le channeling, on m'a expliqué que la seule différence entre la mort et l'expérience onirique est que la corde d'argent - une sorte de cordon ombilical qui relie l'âme au corps - se rompt lors de la mort. Cette corde permet à l'esprit de traverser, la nuit, des royaumes et des plans situés au-delà du plan physique, et de recevoir des enseignements d'un niveau plus élevé. En vous endormant le soir, lorsque votre conscience quitte le corps physique, vous faites en réalité l'expérience de la mort. Au fur et à mesure que vous contrôlerez mieux l'expérience onirique, vous réaliserez que la mort n'existe pas, contrairement à ce que l'on veut nous faire croire. La mort n'existe pas, il n'y a qu'un changement de plan de conscience. En maîtrisant mieux nos rêves, nous pourrons nous rendre compte de ce que nous sommes réellement des êtres interdimensionnels. L'énergie vitale, ou Divine, est l'immuable véhicule de l'être qui sous-tend ce que nous appelons la "vie" et ce que nous appelons la "mort". Dieu est le véhicule de toutes les expériences, de tous les plans et de toutes les énergies. En fin de compte, vous vous identifierez peu à peu avec la nature éternelle de votre être, plutôt qu'avec les étapes que vous traversez ou le plan particulier de conscience dans lequel vous vous trouvez à un moment donné.

Le sens de la vie

La raison d'être de notre existence, c'est de nous connaître nous-mêmes et de considérer toutes les leçons comme autant d'occasions positives d'apprendre et d'évoluer. Cela paraît simple, mais mon guide intérieur a toujours aimé la simplicité. Nous sommes sur terre pour apprendre et chacun de nous a son libre-arbitre et doit trouver son propre chemin. En réalité, ce que nous recherchons se trouve en nous. Bien que l'on ne nous ait pas fourni de mode d'emploi de la vie à notre naissance, des maîtres ont été mis à notre disposition pour nous accompagner sur notre chemin.

Personne n'effectue ce voyage tout seul. Chacun de nous a un ange gardien et une équipe de maîtres qui le guident et le soutiennent tout au long du chemin. Ces êtres sages et puissants ne prennent pas les décisions à notre place, mais nous donnent accès à une connaissance profonde et intuitive afin que nous puissions nous-mêmes prendre les bonnes décisions. Nous n'aimerions pas que d'autres, incarnés ou non, prennent nos décisions à notre place, car ce faisant nous ne pourrions pas apprendre.

Trois outils gratuits

Les outils les plus précieux qui vont nous aider tout au long de notre vie nous sont librement accessibles : ce sont les rêves, la prière et la méditation. Si nous étions capables de tirer profit de ces trois outils, les incertitudes, la confusion et les difficultés de la vie disparaîtraient pour l'essentiel.

Les rêves. Les rêves sont bien sûr le sujet de ce livre. Ils nous offrent une lecture quotidienne de ce qui se passe dans nos vies. Ils permettent à la supraconscience de disposer d'informations, d'enseignements d'un niveau supérieur et de solutions aux problèmes issues de l'autre monde.

La prière. Peu de gens comprennent l'étendue des pouvoirs de cet outil intérieur précieux qu'est la prière. Bon nombre de gens perçoivent la prière comme un moyen de faire appel à une étrange déité dans l'espoir d'être entendus, d'implorer Dieu pour qu'il exauce leurs vœux. Cette conception de la relation avec le Divin appartient à l'âge des ténèbres.

Dieu nous a donné à tous le pouvoir créateur de manifester dans notre existence tout ce que nous voulons. Nous avons d'ores et déjà en nous toutes les richesses et tout l'amour de l'Esprit Divin. Dieu sait ce que nous voulons, et "il plaît au Père de vous ouvrir les portes du Royaume." L'essentiel est que vous sachiez ce que vous voulez, sinon vous ne serez pas en mesure de le manifester. La prière est donc la formulation dans votre esprit de vos souhaits et de vos besoins.

La prière implique une grande lucidité intérieure. Elle implique que vous exprimiez ce qui, selon vous, favoriserait le plus votre évolution et votre conscience. Vous pouvez demander à votre Moi supérieur de vous guider pour que vous preniez les meilleures décisions possibles, mais n'oubliez pas qu'en définitive, c'est vous qui devrez les prendre.

La prière la plus efficace se traduit par des affirmations positives telles que celles-ci : *mes meilleures perspectives de carrière s'ouvrent actuellement devant moi. Ma condition normale est la santé, l'harmonie et la complétude. Le pouvoir Divin s'écoule en moi, me renforce et me guide. Ma capacité à développer des relations est actuellement à son plus haut degré. Dans tout ce que je fais, je suis guidé par Dieu.*

Vous avez peut-être entendu certaines personnes affirmer que la prière ne marche pas. Elle n'est efficace que si vous comprenez ce que vous êtes en train de faire. Dans le fonctionnement de l'esprit, les semblables s'attirent. Si votre affirmation concerne l'amour et la complétude et si vous les éprouvez réellement, alors vous pourrez les intégrer dans votre vie. Si votre affirmation concerne la prospérité, celle-ci s'installera dans votre conscience et dans votre vie quotidienne. Nos attentes sont pour la plupart liées à un sentiment de peur ou de séparation, plutôt qu'à la reconnaissance de notre unité avec Dieu et de notre patrimoine divin en tant qu'êtres spirituels. Nous demandons des choses sans avoir vraiment conscience qu'il est en notre pouvoir de les créer nous-mêmes, de les "mettre au monde". Tout ce que nous créons en nous doit se manifester à l'extérieur.

Par ailleurs, les doutes et les sentiments d'indignité, les "*Je ne mérite pas de...*", sous-tendent souvent nos prières et minent nos efforts. Pour prier de manière efficace, détendez-vous et efforcez-vous de trouver un grand calme intérieur. Remplissez-vous de forts sentiments d'amour, de complétude, de pouvoir intérieur et d'un sentiment d'harmonie avec le Divin. Vous pouvez répéter des affirmations telles que celle-ci : "*Il n'y a qu'une Présence, qu'une Puissance : Dieu, le Bien. Je suis détendu et en paix en présence du Divin en moi. Tout concourt à ce que les choses se passent bien pour moi. L'esprit de Dieu agit en moi maintenant, et je définis des objectifs clairs qui me permettront d'exprimer ce qu'il y a de meilleur en moi. En reconnaissant le pouvoir Divin en moi, je demande/ j'affirme maintenant...*". Ensuite, dites votre prière.

Lorsque vous priez, en particulier pour obtenir quelque chose, une opportunité ou une relation particulière, n'oubliez jamais d'ajouter : "*ceci ou mieux encore*". L'esprit rationnel est trop souvent attaché à des détails trop spécifiques. Les voies de l'esprit supérieur, ou Dieu, se situent véritablement au-delà de notre entendement ordinaire. Il peut exister une possibilité ou une dimension nouvelle merveilleuse à laquelle vous n'avez pas songé et qui vous attend, mais vous ne pourrez l'introduire dans votre vie que si vous êtes assez ouvert pour l'accepter. On ne doit jamais utiliser la prière de façon manipulatrice, car, ce faisant, on n'aboutit absolument à rien. Il est inutile d'espérer changer quelqu'un grâce à la prière pour qu'il réponde à vos attentes, ou pour qu'il se mette à vous aimer. N'essayez pas d'influencer la vie d'autrui à travers la prière. Nous pouvons transmettre aux autres des pensées d'amour et de lumière, mais nous devons les respecter et les laisser libres d'utiliser ces pensées comme bon leur semble.

L'amour, les opportunités, la joie et l'abondance nous attendent, mais il n'est pas certain qu'ils se manifestent à travers les personnes ou les situations particulières que nous avons à l'esprit. Nous devons accepter, les uns et les autres, de nous en remettre à Dieu, en ayant la certitude que tout concourt à notre plus grand bien et que nous trouverons ce que nous recherchons.

La prière est donc une façon de concentrer son esprit conscient sur ses objectifs et la direction que l'on veut donner à sa vie. Elle consiste à honorer le pouvoir Divin en nous afin que soient exaucés les vœux qui concourent à notre plus grand bien.

La méditation. La méditation est une sorte d'autoroute vers l'illumination. Elle nous aide à entrer en contact avec le maître ou le Dieu en nous. Elle nous ouvre aux sources supérieures d'énergie et recharge notre corps, notre esprit et notre âme. Nos facultés de perception dépendent de notre niveau énergétique, et la méditation est le moyen de conserver l'énergie à son plus haut niveau.

Bien que la méditation induise immédiatement des changements positifs, bon nombre d'entre eux s'instaurent de manière progressive. Vous constaterez une diminution du stress et des tensions, une amélioration générale au niveau de votre santé, ainsi qu'un profond sentiment de paix. Toutefois, la méditation n'est pas une potion magique qui vous délivrera de tous vos maux du jour au lendemain. Elle vous sensibilisera peu à peu à vos problèmes immédiats et maintiendra votre niveau d'énergie afin que vous soyez mieux à même de gérer ce à quoi vous êtes confronté. La méditation vous donne des yeux pour voir et des oreilles pour entendre : vous pouvez ainsi observer comment vous obtenez de la vie exactement ce que vous pensez mériter - rien de plus, rien de moins !

La méditation que j'enseigne m'a été transmise à travers la pratique du channeling. Il s'agit d'une ancienne méthode égyptienne, une des plus rapides et des plus faciles. Cette méthode se divise en deux parties. La première est la concentration - un effort mental direct qui précède la méditation. Le fait de se concentrer tranquillise l'esprit et permet de le focaliser consciemment sur quelque chose. La seconde partie est la méditation proprement dite durant laquelle vous relâchez votre concentration mentale et devenez très réceptif à tout ce qui se présente.

Cette technique requiert environ une vingtaine de minutes chaque jour. Il est préférable de méditer lorsque votre esprit est bien éveillé, et non juste après un bon repas ou lorsque vous êtes très fatigué.

Vous pouvez choisir les premières heures du jour, car ainsi vous pourrez élever votre énergie et la diriger d'une façon positive avant d'entamer votre journée. Ou bien, vous pouvez à l'inverse choisir de méditer juste avant d'aller vous coucher le soir. Cela vous aidera à vous débarrasser de l'agitation de la journée et à élever votre niveau d'énergie pour devenir plus réceptif aux enseignements oniriques que vous recevez. Quoi qu'il en soit, peu importe le moment, l'essentiel étant que vous pratiquiez la méditation, et l'heure qui correspondra le mieux à votre emploi du temps sera la meilleure pour vous. Cependant, ce doit être de préférence un moment de calme où vous ne risquez pas d'être dérangé, car les bruits intenses peuvent facilement vous faire sursauter au milieu d'une méditation. Avant de commencer, vous pouvez consacrer quelques minutes à la lecture d'un texte inspiré, tel qu'un poème, des écrits religieux, ou bien vous pouvez écouter une musique qui élève l'âme. Tout ceci vous aidera à vous couper de vos soucis quotidiens et vous préparer à la méditation.

J'ai intégré cette technique de méditation dans tous mes livres, et on peut la présenter en sept étapes :

1. Asseyez-vous sur une chaise, la colonne vertébrale bien droite, les pieds à plat sur le sol. Votre dos ne doit pas toucher la chaise. Joignez les mains sur vos genoux, ou bien joignez-les comme pour prier. Les mains doivent se toucher. Vous pouvez garder les yeux ouverts ou fermés, à votre guise.

2. Prenez plusieurs respirations longues et profondes et détendez-vous. Imaginez une vive lumière blanche qui vous nimbe complètement. Cette lumière vous protégera lorsque vous ouvrirez des centres énergétiques sensibles.

3. Concentrez-vous doucement sur une seule idée, une seule image ou un seul mot pendant environ dix minutes. Choisissez quelque chose qui suggère la paix, la beauté, ou un idéal spirituel ; ou bien, contentez-vous d'écouter une musique douce et apaisante. Si vous utilisez la musique, concentrez-vous sur la mélodie et les paroles pendant la totalité des vingt minutes.

4. Si vous n'arrivez pas à focaliser votre attention sur l'objet de votre concentration, portez-la doucement à nouveau sur celui-ci. (À votre grande surprise, vous découvrirez bientôt que votre aptitude à maîtriser votre esprit se renforce de plus en plus.) Il faut vingt années pour trouver totalement la paix de l'esprit, aussi ne vous découragez pas. On finit toujours par y arriver.

5. Après dix minutes, séparez vos mains et posez-les sur vos genoux la paume tournée vers le haut. Fermez les yeux s'ils sont ouverts.

6. Relâchez votre attention et laissez votre esprit “au point mort”. Adoptez une attitude passive tout en gardant l'esprit alerte pendant dix minutes. Observez tranquillement le flot des

pensées et des images. Efforcez-vous d'être tranquille, détaché et pénétrez-vous de tout ce que vous éprouvez.

7. Après dix minutes, effectuez vos affirmations et visualisations car vous avez atteint maintenant votre état de relaxation et de concentration le plus élevé. Ensuite, fermez les mains, et imaginez à nouveau que vous êtes nimbé d'une lumière blanche ou dorée. Maintenant, ouvrez les yeux. La lumière émet des vibrations d'amour et de guérison en direction des autres tout en empêchant leur stress et leurs tensions de vous affecter alors que vous reprenez vos activités quotidiennes.

Nous ne devons toutefois pas limiter notre pratique à cette seule période de vingt minutes. Nous devrions nous efforcer d'adopter une attitude méditative, en observant notre comportement et nos pensées, tout au long de la journée. La méditation peut ainsi nous aider à nous impliquer davantage dans la vie, en observant comment nous "mettons en scène" nos expériences vécues. Les changements sont parfois spectaculaires, parfois subtils. Mais la méditation introduira de toute façon des changements dans votre vie parce qu'elle vous change vous.

Si vous pratiquez régulièrement la méditation - purifiant ainsi chaque jour un peu plus votre esprit - et si en outre vous demandez des éclaircissements pour résoudre vos problèmes, vous aurez alors besoin de moins de rêves pour comprendre ce qui se passe dans votre vie. Vous comprendrez comment vous organisez vous-même les circonstances de votre existence. En outre, vous aurez davantage conscience des objectifs et de la direction que vous voulez donner à votre vie, lesquels peuvent être formulés et manifestés grâce à la prière.

Les représentations oniriques et les représentations méditatives sont identiques. Tant que vous n'aurez pas atteint une grande clarté et une grande objectivité au niveau mental, l'esprit conscient pourra toujours entraver la perception des intuitions que vous recevez durant la méditation. C'est pourquoi l'expérience onirique est beaucoup plus fiable à moins que l'on ait derrière soi des années de pratique méditative qui permettent de faire la distinction entre ses désirs conscients et son intuition authentique.

Le Travail sur les Rêves

Comment se souvenir d'un rêve

Nous pouvons tous apprendre à nous souvenir de nos rêves. C'est bien entendu une condition indispensable pour approfondir la symbolique onirique. Lorsque vous serez sûrs de vos souvenirs de rêve, vous pourrez commencer à les utiliser pour résoudre vos problèmes.

Le moyen le plus efficace pour décrypter vos rêves consiste à tenir un journal onirique. Inscrivez la date à chaque fois, car vous constaterez peu à peu, au fil des semaines, la présence de schémas et de thèmes récurrents. Si un message onirique vous semble obscur, vous recevrez d'autres rêves qui tenteront de vous l'expliciter. Aussi, ne craignez pas de rater une leçon importante, car on vous transmettra ce message à de multiples reprises jusqu'à ce que vous en ayez compris la signification. Le plus important pour apprendre à se souvenir d'un rêve est la volonté d'y parvenir.

Avant d'aller vous coucher, asseyez-vous sur le bord de votre lit (si vous vous allongez vous risquez de vous endormir avant la fin du processus), prenez plusieurs respirations profondes et détendez-vous. Ensuite, dites-vous ceci : "Ce soir, je *veux* me souvenir d'un rêve et j'y *arriverai*. Dès que je me réveillerai, je le coucherai par écrit." Ensuite, allez vous coucher sans oublier de placer un bloc-notes et un crayon à côté du lit, en *escomptant* vous souvenir de ce rêve pour pouvoir le noter dès que vous ouvrirez les yeux. Vous pouvez, si vous préférez, enregistrer votre rêve sur une cassette.

A votre réveil, qu'il se produise à 3 heures du matin ou à l'heure habituelle, notez immédiatement toutes les impressions, images, ou tous les sentiments concernant ce rêve. Si vous ne vous souvenez pas d'ordinaire de vos rêves, il se peut que celui-ci ne vous laisse qu'une vague impression : un sentiment de frustration, d'élévation spirituelle, d'inquiétude ou de paix.

Contentez-vous de noter tout ce que vous ressentez au moment du réveil. Si vous avez un bon souvenir de la plupart des représentations oniriques, notez tout avec autant de détails que possible : gens, véhicules, paysages, objets, couleurs, formes, nombres, etc.

Si vous ne faites pas immédiatement l'effort de noter votre rêve, vous le perdrez. Il est faut de croire que l'on peut se rendormir et se souvenir de son rêve plus tard. Lorsque vous ouvrez les yeux en vous réveillant, vous vous trouvez dans un état de conscience altéré, à moitié éveillé et à moitié endormi. Tant que vous n'aurez pas appris à jeter des ponts entre les différents niveaux de conscience, vous ne serez pas en mesure de vous souvenir de votre rêve lorsque vous serez pleinement éveillé. C'est pourquoi vous devez vous dire que vous vous souviendrez de votre rêve *et* que vous le noterez.

En continuant de prendre des notes - technique qui permet de rendre conscient un matériel inconscient - vous apprendrez à jeter un pont entre les différents niveaux de conscience.

Les rêves se produisent durant toute la nuit. Cependant, les rêves les plus instructifs se produisent entre 3 heures et 5 heures du matin, ou bien juste avant le réveil. Bien entendu, si vous travaillez en équipe de nuit et dormez durant la journée, votre vie onirique se conformera à vos rythmes biologiques. Quoi qu'il en soit, les rêves peuvent survenir à n'importe quel moment au cours d'une sieste l'après-midi ou d'un petit somme après le dîner.

Les types de rêves

Il y a six types fondamentaux de rêves, et il n'est pas rare que l'on se souvienne de bribes de plusieurs d'entre eux. Plus votre travail sur les rêves prendra de l'ampleur, et plus vous serez à même de déterminer ce qui les différencie et l'apport spécifique de chacun d'eux. J'ai baptisé ces différents types de rêves comme suit : *l'agence centrale* ou *fouillis*, *l'enseignement*, *la résolution des problèmes*, *la précognition*, *le prophète* ou *le visionnaire*, et *les interférences extérieures*.

L'agence centrale. Ce type de rêves s'occupe des “arrivages du jour”, en effectuant un tri dans tout le fouillis mental et émotionnel, en passant en revue toutes les expériences de la journée. Souvent, lorsque vous essayez de vous endormir le soir, l'esprit est encore très agité. Vous êtes soucieux, anxieux, stressé. Les rêves de ce type ont pour fonction d'écarter de votre esprit les soucis inutiles et d'intégrer des éléments utiles. Ils aident le corps et l'esprit à se détendre.

Si vous méditez avant d'aller vous coucher - ce qui tranquillise votre esprit et lui permet de se concentrer - les rêves *fouillis* sont d'ordinaire inutiles. Si vous avez pris l'habitude de passer brièvement en revue les événements de la journée, de vous bénir et de vous pardonner et de bénir les autres et de leur pardonner, c'est que vous êtes prêt à accéder à un niveau supérieur de conscience durant l'expérience onirique. En outre, votre niveau énergétique s'élèvera et vos rêves seront plus clairs.

L'enseignement. On a en général au moins un rêve instructif important par nuit. Les rêves de ce type vous livrent des informations sur les problèmes auxquels vous êtes confronté, ou vous transmettent des enseignements d'un niveau plus élevé. Ils vous préparent pour ce qui va se produire durant les prochaines 24 heures. Les impressions de *déjà vu* sont souvent des souvenirs de ce que la supraconscience a stocké dans la mémoire inconsciente durant l'expérience onirique. Vous saviez déjà, par exemple, que vous alliez dire quelque chose d'une certaine manière, ou qu'une certaine personne allait dire ou faire telle ou telle chose. La plupart des rêves se rapportent à ce que vous vivez actuellement et à la meilleure manière de gérer des situations et des relations.

Il se peut qu'en rêve vous vous retrouviez assis dans une salle de classe, donnant ou suivant un cours, ou bien vous promenant aux côtés d'un professeur dans un environnement magnifique. Il se peut que vous entendiez des informations que vous ignoriez totalement jusque-là et que vous vous en souveniez parfaitement au réveil. Bon nombre de découvertes et d'inspirations proviennent des niveaux supérieurs de ces rêves pédagogiques.

La résolution des problèmes. Ce sont des rêves que vous avez programmés ou que vous avez sollicités, probablement parce que vous cherchiez à comprendre une relation difficile, à résoudre un mystère scientifique ou parce que vous souhaitiez être inspiré à propos de l'intrigue d'un nouveau roman. Vous pourrez accéder à toute connaissance et à toute information lorsque vous aurez appris à les exploiter. Apprendre à programmer ses rêves et à comprendre leurs messages représente une de vos ressources intérieures les plus précieuses.

La précognition. Les rêves de ce type vous donnent un aperçu d'un événement futur. C'est un phénomène différent de l'impression de *déjà vu*, car la précognition concerne de manière générale d'autres personnes. Précognition signifie "connaissance anticipée". Une conscience ou un sentiment particuliers sont attachés au rêve prémonitoire. Lorsque vous saurez les reconnaître, vous saurez distinguer les images symboliques de celles qui sont susceptibles de représenter des événements futurs. Ce type de rêves ressort de la médiumnité.

La plupart des rêves prémonitoires ont pour but de nous faire accéder à une conscience élargie. Il n'est pas rare que des non méditants connaissent ce genre de rêves. Cela les oblige à se demander comment ils ont pu connaître à l'avance tel ou tel fait sur une personne. L'esprit, bien sûr, n'est pas limité par le temps. Normalement ces rêves dirigent votre regard vers l'intérieur afin que vous vous intéressiez davantage à la connaissance et au développement de votre Moi profond.

Les rêves prophétiques ou visionnaires. Ces rêves proviennent de la sphère la plus élevée de l'âme. Ce sont des messages de Dieu ou du Moi Divin et ils concernent l'évolution spirituelle. Ils proviennent du plan mystique de la conscience. Ils peuvent tout aussi bien transmettre un message personnel qu'une vérité universelle. Ces visions se situent à une échelle bien plus étendue que celles que vous associez communément avec l'expérience onirique. Un type de conscience totalement différent leur est associé. Vous savez que vous êtes éveillé, conscient, tout en sachant que vous vivez une expérience onirique. Les prophéties des anciens enseignements mystiques nous ont été transmises par le biais de la conscience visionnaire. Il y a de nombreux aspects dans une vision : l'intuition, la compréhension des choses, le développement de la personnalité, le sens de l'unité de toutes les formes de vie, le pouvoir et l'amour. Pour ma part, je peux très bien n'avoir qu'une vision par an, mais cela vaut toujours la peine d'attendre.

Les interférences extérieures. Ce type de rêve se manifeste lorsque quelque chose dans votre environnement physique entraîne suffisamment de perturbations pour être incorporé dans le scénario de votre rêve. Vous rêvez par exemple que vous avez très chaud et à votre réveil vous vous apercevez que vous êtes enfoui sous un tas de couvertures. Le téléphone qui sonne, des chiens qui aboient, une sensation de froid dans le dos - tout peut faire partie du rêve, sans qu'on puisse vraiment y voir un message de la supraconscience ou du Moi supérieur.

De même, lorsque vous vous endormez en regardant la télévision ou en écoutant la radio, les informations que vous avez reçues par le biais de ces médias peuvent influencer vos rêves. Il est toujours préférable de dormir dans un environnement calme et reposant. Il y a déjà suffisamment de tintamarre qui assaille l'inconscient tout au long de la journée. Inutile d'en rajouter durant vos heures de sommeil.

Les indigestions ou une vessie en réplétion affectent aussi les représentations oniriques. Prenez toujours en compte, lorsque vous interprétez vos rêves, la possibilité de telles interférences extérieures.

ANATOMIE D'UN RÊVE

Le déroulement des rêves passe souvent par trois phases. En premier lieu, ils établissent le cadre temporel du problème, de la situation ou du schéma de comportement en cause. Ainsi, par exemple, le fait de découvrir en rêve la maison de votre enfance signale un vieux schéma de comportement ou une vision de soi remontant à cette époque reculée.

En second lieu, les rêves vous montreront comment ce problème se manifeste actuellement dans votre vie et dans votre conscience et dans quel contexte il faut le situer.

Troisièmement, ils vous diront comment résoudre cette situation, ou comment en tirer un enseignement et dépasser ce schéma de comportement ou ce problème qui vous limitent.

La plupart des rêves instructifs se conformeront à cette structure. Si au réveil vous vous souvenez d'une voiture, d'une maison, d'une école ou d'une personne issues de votre passé, c'est généralement que vous vous trouvez dans la première phase du rêve.

COMPRENDRE LA SYMBOLIQUE DES RÊVES

La chose la plus curieuse à propos des rêves est peut-être qu'ils s'adressent à nous au travers de symboles. Ceux-ci peuvent nous paraître étranges, mais dès lors que nous en avons compris la signification, ils s'avèrent un mode de communication bien plus clair que celui que nous utilisons d'ordinaire.

Vous vous demandez peut-être pourquoi il faut que vous fassiez l'effort de déchiffrer toute la symbolique onirique ? Ne serait-il pas plus simple de recevoir directement le message en clair ? La communication entre les gens est déjà assez difficile comme ça. Tant de choses sont sujettes à malentendu du fait des blocages et des déformations perceptives.

Selon mon guide intérieur, si les rêves sont transmis de manière symbolique c'est parce que lorsque l'on connaît la signification de ses propres symboles, on ne peut plus se tromper sur le contenu du message onirique. Vous comprendrez instantanément et totalement ce que l'on vous transmet. En réalité, les symboles sont une sorte de sténo et sont bien plus faciles à comprendre qu'une conversation courante.

Travailler sur la symbolique des rêves, c'est un peu comme jouer du piano. Lorsque vous vous y mettez pour la première fois, vous êtes certain que jouer de cet instrument est l'activité la plus délicate et compliquée que vous ayez jamais entreprise. Mais, lorsque la routine s'installe après une pratique régulière, cette dextérité nouvellement acquise devient une composante naturelle de votre vie. Considérons maintenant l'informatique. Si vous ne comprenez pas le langage informatique, tout vous semblera obscur et difficile. Lorsque vous entendez quelqu'un parler dans une langue étrangère, vous avez en général cette réaction très commune : “Tout ça, c'est de l'hébreu pour moi”. Mais si vous parlez, lisez et écrivez l'hébreu, la situation est alors toute autre.

Aussi, pensez à étudier la symbolique des rêves comme s'il s'agissait d'apprendre une autre langue. Ces symboles constituent un niveau de communication plus élevé, plus précis et plus étendu qui vous permettra de prendre conscience de l'être interdimensionnel que vous êtes.

Le point de départ

Le sens de certains symboles oniriques fondamentaux est en général directement intelligible. Un bon moyen de commencer consiste à réaliser que tout ce qui se manifeste en rêve vous représente. Vous êtes à la fois le producteur, le scénariste, l'acteur et le metteur en scène de vos rêves. Les personnages présents dans les rêves représentent généralement des qualités personnelles que vous avez projetées sur eux. Les personnages féminins et masculins représentent vos propres aspects féminins et masculins. Un enfant représentera l'enfant en vous tandis qu'une personne âgée représentera une partie ancienne de votre être, qu'il s'agisse d'une partie de vous-même pleine de sagesse ou d'une autre qui est en train de disparaître parce qu'elle ne peut plus rien vous apporter. Les animaux représentent les sentiments qu'ils vous inspirent ou les qualités que vous leur attachez. Le loup, par exemple, symbolisera le danger, comme le loup déguisé en grand-mère du *Petit chaperon rouge*. Un renard représentera la ruse et la malice.

Une maison, un magasin ou tout autre bâtiment sont des représentations de vous-même. S'il s'agit d'un grand édifice, c'est l'indication de riches possibilités à exploiter et/ou de ressources intérieures nombreuses. Si les pièces de cette maison sont dans un grand désordre, c'est que manifestement votre maison n'est pas bien rangée. Certaines pièces, plongées dans l'obscurité, représentent des parties de vous-même que vous ne connaissez pas ou ne comprenez pas. Le grenier ou l'étage supérieur représentent le corps spirituel, le rez-de-chaussée symbolise le corps physique ou quotidien, et la cave la sexualité ou le subconscient. Les diverses pièces et la façon dont elles sont décorées et aménagées symbolisent les aspects particuliers suivants de votre vie : la salle de bains - la purification, l'élimination, la délivrance (des émotions, etc) ; la salle à manger - le fait de prendre soin de soi-même et des autres, la camaraderie, etc. Tout véhicule - voiture, avion, engin spatial, bateau - Symbolise également votre être. Il représente votre façon de voyager ou d'être dans le monde. Une voiture sera votre véhicule physique et symbolisera votre façon de voyager dans la vie de tous les jours. Faites-vous marche arrière, suivez-vous une pente, vous êtes-vous trompé de chemin ? Vous avez crevé ? Lorsque vous foncez, êtes-vous bien sûr de maîtriser votre véhicule ? Un bateau ou un navire symbolise votre véhicule émotionnel et vous fait découvrir ce qui se passe dans votre vie affective. Êtes-vous ballotté par les vagues sur tous les océans de la vie ? Votre navire est-il en cale sèche ? Êtes-vous l'homme de barre ? Avez-vous une ancre ?

Un avion ou tout autre engin volant symbolise votre véhicule spirituel et, si en rêve vous vous retrouvez sur le chemin de l'aéroport, sachez que vous êtes sur le point de prendre votre envol vers un nouvel entendement spirituel.

Une moto ou un vélo signifient que vous avez besoin de trouver un équilibre dans votre vie.

L'eau représente les émotions ; le feu, la purification ; l'air, le corps spirituel et la terre symbolise le Moi physique (ou votre degré de conscience de l'ici et maintenant).

Une fois que vous aurez compris le sens de quelques symboles fondamentaux, vous pourrez commencer à observer les couleurs (on ne rêve pas en noir et blanc), les vêtements, les gens, les décors, les objets, les tailles, les formes, les nombres, les mots, les lettres, et ainsi de suite. Chaque chose a sa propre signification. Une clôture ou un barrage routier indiquent qu'une pensée créative est nécessaire pour résoudre un problème précis auquel vous êtes actuellement confronté. Le type de route sur lequel vous circulez traduit la nature de l'expérience que vous vivez actuellement (agréable, difficile, etc). Si vous vous trouvez sur une autoroute, tout va bien. S'il s'agit d'une route cahoteuse, vous réussirez dans votre entreprise même si la situation est pour le moment un peu difficile. Le fait de paver une route signifie que vous préparez le terrain pour un avenir plus facile.

Tous les symboles qui vous sont transmis - que ce soit à travers votre imagination, la méditation ou le rêve éveillé dirigé - sont strictement de même nature. Ce sont des messages codés que le Moi s'adresse à lui-même. Dès lors que "l'image vous parle", c'est que vous avez compris la situation.

Vous aurez toujours le dernier mot

N'oubliez pas que vous serez toujours le meilleur interprète de vos rêves. En fin de compte, vous seul pourrez comprendre le sens d'un symbole qui vous est destiné. Ne vous montrez pas crédule en acceptant avec empressement l'interprétation d'un autre. Ce serait vous décharger de votre pouvoir et négliger la finesse et la fiabilité de vos propres ressources intérieures. Si l'interprétation d'un symbole dans un dictionnaire des rêves ne vous paraît pas correcte, recherchez-en le sens dans un dictionnaire non abrégé. La signification d'un symbole se trouve souvent là où vous n'auriez jamais pensé la trouver, et le fait de lire la définition de ce symbole éveillera en vous quelque réminiscence. Les définitions présentées dans ce livre ont un caractère général et si elles ne correspondent pas à une situation donnée, il faut que vous continuiez à chercher, à réfléchir et à méditer sur votre symbole jusqu'à ce qu'il livre le véritable sens qu'il revêt pour vous. Lorsque vous aurez découvert leur sens, les symboles vous sembleront si simples que vous saurez avoir toujours été guidé par votre Moi Divin ou le Divin en vous.

LES TYPES COMMUNS DE RÊVES

Rien n'est interdit dans l'expérience onirique. Il nous est loisible de faire l'expérience de tous les niveaux du Moi, de toutes les peurs, de toutes les frustrations, de toutes les images refoulées, de tout territoire inconnu, de toute intuition visionnaire. Nous serons d'autant plus à l'aise avec toutes les représentations oniriques que nous aurons appris à les accepter, quelles qu'elles soient, comme des messagers symboliques de notre être.

Il n'existe pas de symbole onirique néfaste. Les rêves les plus effrayants ou les plus grotesques sont extrêmement instructifs dès lors que nous les avons élucidés. N'oubliez pas que le rôle des représentations oniriques est juste d'attirer votre attention, aussi ne leur opposez pas de résistance. Efforcez-vous de comprendre l'enseignement dispensé afin d'accéder à une vision plus optimiste des choses. Voici des types de rêves très fréquents :

Les cauchemars. La plupart d'entre nous ont eu des cauchemars. Le cauchemar est l'un de nos rêves instructifs les plus précieux parce qu'il nous montre une peur qui a pris des proportions inouïes ou quelque chose que nous avons refoulé et qui nous affecte de manière négative. Souvent, on ne se souvient pas des rêves agréables. Mais les rêves effrayants feront toujours forte impression et nous aurons davantage tendance à les approfondir.

Ainsi, par exemple, un homme avait un cauchemar récurrent dans lequel un rat rongeait son cou. Il se réveillait en hurlant, portant les mains à son cou pour se débarrasser du rat. En analysant son cauchemar, il réalisa que le cou représentait le chakra de la gorge. Son problème était qu'il ne verbalisait pas ses désirs et que ce refoulement le rongeait et entraînait des comportements autodestructeurs. Ce rat symbolisait une partie anxieuse de son Moi qui le trahissait. Il faut toujours prendre soin de son Moi profond et s'efforcer d'exprimer ses désirs et ses besoins. Lorsque cet homme se décida à agir avec détermination pour résoudre ses problèmes, le rêve du rat cessa de hanter ses nuits.

Les rêves "catastrophes". Qu'il s'agisse de tremblements de terre, d'inondations, d'incendies ou de raz-de-marée, les catastrophes indiquent un changement soudain dans un domaine quelconque de votre vie. Une inondation signifie un bouleversement affectif tandis qu'un tremblement de terre symbolise une grande remise en ordre de vos affaires. Ce type de symboles signale généralement des tournants décisifs dans l'existence qui permettent de prendre un nouveau départ. (Voir les exemples de catastrophes dans la deuxième partie du livre.)

Les rêves érotiques. Le sexe est souvent présent dans les rêves, mais la plupart du temps, cela n'a rien à voir avec les rapports sexuels. La symbolique sexuelle des rêves indique d'ordinaire qu'il faut apprendre à équilibrer les polarités féminine et masculine de notre être. Souvenez-vous que chacun de nous est une entité à la fois féminine et masculine qui se manifeste dans un corps particulier.

Le fait d'avoir un rapport sexuel dans un rêve représente une fusion des énergies. Dans le cas de rapports avec un homme, il s'agit d'une fusion des énergies masculines au sein du Moi ; avec une femme, il s'agit d'une fusion des énergies féminines. Si vous êtes une femme (ou un homme) et que vous rêvez de faire l'amour avec une autre femme (ou un autre homme) de votre connaissance, cela signifie que vous puisez dans le Moi des qualités que vous associez avec cette personne. Faire l'amour en rêve avec une personne du même sexe n'a d'ordinaire rien à voir avec l'homosexualité.

De même, le fait d'avoir en rêve des rapports sexuels avec des membres de votre famille n'indique pas un désir incestueux.

Avoir des rapports avec votre père ou votre mère représente une fusion des aspects enrichissants et sages du Moi féminin ou du Moi masculin. Des rapports avec un fils ou une fille représentent une intégration des aspects plus enfantins ou juvéniles du Moi. N'oubliez pas que toutes les personnes présentes dans un rêve ne sont qu'un aspect de votre être.

Un rêve érotique accompagné d'un orgasme peut indiquer un

besoin de libérer et d'équilibrer l'énergie physique, et c'est là un des moyens qu'utilise le corps pour retrouver l'équilibre. Nous devons garder à l'esprit que nous sommes aussi des êtres physiques et sexués et que cet aspect doit être respecté.

Les rêves en costumes. Le fait de se retrouver en rêve revêtu d'un costume, signifie généralement que l'on a affaire à une vie antérieure. Il se peut qu'un problème auquel vous êtes actuellement confronté soit le même que celui auquel vous deviez faire face dans une autre vie. Le fait de garder à l'esprit et de comprendre la dynamique d'un rêve en costume vous aidera à mieux comprendre ce à quoi vous êtes confronté actuellement.

Les rêves d'orientation. La direction que vous suivez durant un voyage vous indique si vous êtes sur le bon chemin. Si, lors d'un rêve, vous effectuez une ascension quelconque - montagne, route, échelle, escalier, ascenseur, etc - c'est que vous allez dans la bonne direction. Si vous descendez, c'est que la direction est mauvaise. Si vous montez et descendez à la fois, c'est que votre énergie est éparpillée et qu'il vous faut retrouver l'équilibre. Nul besoin de vous expliquer ce que signifie le fait de tourner en rond. Lorsque vous allez vers la droite, vous empruntez la voie de l'intuition et de la guidance. La gauche symbolise l'intellect et la raison. Un homme qui m'avait demandé s'il devait assister à une conférence avait eu un rêve dans lequel il empruntait un escalier roulant en direction descendante, un escalier dont la pente était si forte qu'il avait toutes les peines du monde à garder son équilibre. Mon interprétation : la direction choisie est mauvaise car elle ne contribue en rien aux études et aux projets qu'il est capable de réaliser.

Autre exemple : une femme envisageait l'achat d'une voiture d'un certain modèle. En rêve, elle avait vu cette voiture au bas d'une colline, et il lui avait fallu descendre à travers des rues bondées pour arriver là. Elle renonça à acheter cette voiture et quelques jours plus tard on lui en proposa une autre de bien meilleure qualité.

Voler. Les rêves de vol sont très amusants, et ils signifient en général que vous êtes hors de votre corps tout en étant conscient. Lorsque vous êtes capable de maîtriser un rêve de vol, vous êtes libre d'aller où bon vous semble. Vous pouvez vous imaginer en différents endroits dans le temps et dans l'espace et vous y retrouver instantanément - en d'autres termes, vous pouvez vous affranchir de la dimension spatio-temporelle. Si au cours d'un vol vous perdez soudainement de l'altitude ou si vous pensez que vous allez vous écraser, cela signifie simplement que vous avez peur d'explorer des dimensions supérieures et de dépasser vos limites. Dans ces conditions, essayez à nouveau la nuit suivante.

La chute. Si vous rêvez que vous tombez, c'est que votre retour dans votre corps s'est mal passé. La nuit, nous quittons tous notre corps. Si vous êtes agité pendant que vous sommeillez, c'est le signe d'une sortie malaisée. Si au réveil vous êtes incapable de bouger ou de parler, c'est que vous n'êtes rentré dans votre corps qu'à moitié seulement. On ne peut se mouvoir que lorsque l'on est totalement dans son corps. Imaginez que vous êtes bien rentré dans votre corps, de la tête aux pieds. Cela vous permettra de vous centrer.

La nuit venue, nous quittons notre corps - en d'autres termes, nous transcendons notre conscience physique - afin de recevoir un enseignement et une formation. La dimension physique (ou troisième dimension) n'est qu'une illusion ; l'expérience onirique est une réalité. En pratiquant la méditation et le travail sur les rêves vous ne craindrez jamais la mort, car vous découvrirez la quatrième dimension et vous sentirez aussi à l'aise dans cette dernière que dans la troisième.

Les rêves obscènes. Il n'y a rien dans un rêve qui puisse être obscène dès lors que vous en comprenez le sens. Il n'y a rien que vous puissiez considérer comme une insulte ou une offense. Le but recherché est de vous amener à un niveau de votre être que vous vous êtes efforcé d'éviter. Approfondissez ces pseudos offenses et, en règle générale, vous vous apercevrez qu'elles recèlent beaucoup d'humour.

Les rêves récurrents. Comme pour un film que l'on se repasse à de multiples reprises, les rêves récurrents cherchent à nous faire comprendre un message qui était jusque-là passé inaperçu. Les cauchemars récurrents signifient qu'il y a en vous une peur particulière que vous refusez d'assumer. Les rêves récurrents de clôtures ou de barricades indiquent que vous vous êtes imposé des limitations, bien que vous refusiez de l'admettre et d'y mettre un terme. Il est important de noter ce type de rêves et de les analyser. Dès que vous en aurez compris le message sous-jacent, ils disparaîtront d'eux-mêmes.

Les rêves de serpents. Les serpents apparaissent fréquemment en rêve. Ce sont des symboles de pouvoir. Ils représentent l'énergie de la kundalini, ou énergie vitale. Une femme avait rêvé qu'un serpent était entré par le bas de son corps et qu'il remontait jusqu'à la gorge. Le serpent se coinça dans sa gorge et elle commença à s'étouffer. Sur ce, elle se réveilla horrifiée. A première vue, ce rêve peut paraître déconcertant, mais en réalité il reflétait parfaitement ce qui se passait dans sa vie. L'énergie de la kundalini se situe à la base de la colonne vertébrale. Le serpent s'était introduit dans son corps par le bas puis avait progressé vers le haut. Lorsque nous éveillons cette énergie, celle-ci s'élève dans le corps à travers les divers chakras. L'énergie de cette femme circulait bien jusqu'à ce qu'elle atteigne le chakra de la gorge où elle s'arrêtait, entraînant cette sensation d'étouffement. Cette femme bloquait l'énergie dans ce chakra et ne verbalisait pas ses besoins et ses sentiments. Elle "étouffait" toute communication en raison de ses peurs et de la piètre image qu'elle avait d'elle-même. Ce rêve cherchait à lui expliquer que son pouvoir intérieur était bien vivant et qu'en éliminant les blocages dans le chakra de la gorge, en verbalisant ses émotions sans refouler quoi que ce soit, elle pourrait dépasser ses limitations actuelles dans ses relations avec autrui.

Les rêves d'argent. Rêver de pièces de monnaie et de billets de banque annonce des changements dans votre vie. La menue monnaie symbolise de petits changements tandis que des liasses de billets signalent de grands bouleversements.

Les rêves de toilettes. Ces rêves concernent la façon dont nous nous occupons de nos "déchets" intérieurs. Évacuons-nous comme nous le devrions les pensées et les expériences inutiles ? Nous débarrassons-nous du passé afin de pouvoir vivre pleinement le présent ? Les rêves de constipation signalent un refoulement. La diarrhée indique des éliminations forcées qui s'effectuent qu'on le veuille ou non. Des W.C. bouchés signifient que vous "n'évacuez pas" la négativité et les déchets.

J'ai eu un rêve dans lequel il y avait trois toilettes bouchées situées à l'extérieur. On voulait ainsi me faire savoir que je devais "faire le ménage" aux plans mental, physique et émotionnel. J'avais maintenant conscience de ce qu'il me fallait faire, des priorités à établir, parce que ces toilettes étaient totalement exposées à la vue de tous.

Les rêves de violence. Le sang dans un rêve signifie une perte d'énergie. Si l'on est en train de vous poignarder, notez l'endroit du corps où cela s'est produit et examinez le chakra correspondant pour vérifier si vous n'êtes pas en train de perdre de l'énergie. Si l'on est en train de vous assassiner ou si vous assassinez quelqu'un, c'est que vous êtes en train d'anéantir une partie de votre Moi. Il s'agit peut-être d'un aspect de vous-même qui n'a plus son utilité, ou dont vous ne prenez plus soin et qui pourtant est toujours essentiel à votre évolution.

Les rêves de mort. La mort signifie la fin de quelque chose d'ancien et l'avènement de quelque chose de nouveau. La mort en rêve signifie rarement une mort réelle. Elle suggère plutôt la disparition, nécessaire à la poursuite du processus d'évolution et de régénération, d'une partie de soi. Elle peut également signifier que quelque chose en vous est mort et que vous devez ranimer vos sentiments et votre sensibilité. Si c'est le cas, analysez soigneusement les symboles de votre rêve afin d'en comprendre le message.

Les rêves de poursuite. Si en rêve vous êtes poursuivi, ou si vous tentez d'échapper à quelque chose, c'est que vous êtes en train d'éviter un problème. S'il vous est impossible de mouvoir vos jambes ou si vous avancez très lentement, sachez qu'il vous faudra bientôt faire face à la peur que vous avez cherchée à éviter jusque-là. Lorsque vous êtes poursuivi, vous êtes en réalité en train de vous plonger vous-même inutilement dans l'angoisse et la souffrance. Vous devez à chaque fois vous retourner et faire face à tout aspect de votre être qui vous poursuit, puis faire la paix avec lui. Alors ces rêves inconfortables disparaîtront.

L'INTERPRÉTATION DES RÊVES

Les rêves peuvent prendre pratiquement n'importe quelle forme et utiliser tous les symboles ou scénarios possibles et imaginables. Prendre en compte l'aspect affectif du rêve ainsi que sa symbolique spécifique est important pour en comprendre la signification. Commencez par décrire le rêve avec le plus de détails possibles. Ensuite, notez tous les symboles que vous êtes en mesure d'identifier, accompagnés de leur signification éventuelle. Décryptez-les, en vérifiant, si nécessaire, leur signification dans un dictionnaire non abrégé. Enfin, couchez par écrit votre interprétation.

Voici l'exemple d'un rêve et de son interprétation :

Première étape : le rêve. Une *femme* se trouve dans un *bus* en compagnie d'un *guide spirituel* et de membres d'un *groupe spirituel*. Un *homme* monte dans le bus revêtu d'un *manteau* et d'un *chapeau de couleur sombre*. Il se met à *détrousser* toutes les personnes présentes. La *femme* a *600 dollars* dans son *portefeuille*. Elle est *allongée* dans son *sac de couchage*. Elle veut cacher son *portefeuille*, mais sa *main gauche* est endormie et elle ne peut bouger.

Deuxième étape : enregistrer les symboles du rêve :
la femme - la partie féminine et créative du Moi.
le bus - le véhicule de l'évolution.
le guide spirituel - son propre Moi supérieur, son propre maître spirituel.
le groupe spirituel - l'être conscient de son évolution.
l'homme - la partie masculine, puissante et pleine d'assurance de l'être.
la couleur sombre - l'inconnu.
le manteau - se protéger, se cacher.
le chapeau - le rôle qu'elle joue.
le vol - le vol de l'énergie d'autrui.
les 600 dollars - le chiffre 6 représente votre guide intérieur, les maîtres supérieurs, la Fraternité Blanche (les Maîtres de Lumière). Écoutez bien ce qu'ils ont à vous dire.
le portefeuille - l'identité.
la main gauche - la main qui reçoit.
dormir - être engourdi, passif ; refuser d'accepter quoi que ce soit des autres.

Troisième étape : l'interprétation. La partie féminine de cette femme a un grand potentiel de croissance. De nombreux aspects de son être sont liés à l'évolution consciente et elle est en relation étroite avec son Moi supérieur, qui semble la guider. Elle a occulté ou refoulé la partie forte et pleine d'assurance de son être qui lui demeure inconnue. Elle laisse les gens lui prendre son énergie sans jamais savoir dire non. Elle abandonne son pouvoir. Le 6 représente son guide intérieur qui lui dit : *regarde ce que tu es en train de faire ; montre-toi plus ferme* !

Cette femme a peur de perdre son identité en faisant preuve de fermeté et elle est incapable de changer en rien cette situation, bien à l'abri dans son cocon. Elle ne peut ni recevoir ni autoriser les autres à lui rendre quoi que ce soit. Toute son énergie s'échappe vers l'extérieur et ne revient jamais. Son incapacité à recevoir constitue le message principal du rêve.

Les niveaux d'interprétation

Un rêve peut être envisagé à de nombreux niveaux. Il y a d'abord un sens littéral qui, en général, n'est pas la bonne interprétation. Mais tout dépend de ce que vous recherchez.

Ainsi, par exemple, une femme voulait des éclaircissements à propos de son couple. Elle avait essayé beaucoup de choses pour améliorer la situation - thérapie, techniques de communication, etc. Dans son rêve, elle s'était retrouvée avec son mari dans un désert où ils allaient à la rencontre d'un marchand qui vendait de fausses alliances en fer-blanc. Lorsqu'elle regarda son mari, il avait l'air perdu et distant. Après être sortis du désert, ils s'arrêtèrent devant une petite maison pour prendre une collation. Elle fut accueillie par un inconnu qui la prit dans ses bras avec une chaleur et une tendresse totalement absentes - elle s'en rendit compte immédiatement -, de sa relation avec son mari.

On pourrait interpréter ce rêve en suggérant que les aspects féminins et masculins de sa personnalité n'étaient pas équilibrés, mais sa demande concernait spécifiquement sa relation conjugale. En l'occurrence, cette femme s'efforçait de trouver un équilibre intérieur. A contrecoeur, elle dut bien réaliser que sa relation n'était pas basée sur un amour partagé. Son mariage n'en était pas vraiment un, et le statu quo (le désert) symbolisait sa situation présente. La série de rêves qui suivit celui-ci indiquaient la même chose. Elle comprit alors qu'il lui fallait mettre un terme à cette relation.

C'était la meilleure solution. Même si certaines des réponses que nous recevons peuvent ne pas nous convenir, sachez qu'elles nous sont toujours transmises pour notre plus grand bien. Dès que cette femme eut quitté son mari, elle se demanda pourquoi il lui avait fallu tant de temps pour voir la réalité en face et pour s'occuper enfin d'elle-même.

L'ANALYSE DES REPRÉSENTATIONS ONIRIQUES

Toutes les scènes oniriques contiennent un message symbolique. Les images les plus effrayantes sont celles qui traduisent la peur. Nous avons en nous de nombreuses peurs que nous avons refoulées depuis notre enfance, et ces peurs peuvent remonter à la surface aussi bien dans l'expérience onirique que durant les états méditatifs. Il est important de garder à l'esprit que vous n'êtes pas vos peurs. Celles-ci ne sont que des formes de pensées négatives qui n'ont pas de réalité en tant que telles. Lorsque nous leur ôtons leur pouvoir, elles n'ont plus aucune influence sur nos vies.

Bien que le but de notre vie soit de découvrir notre être profond, nous passons le plus clair de notre temps à le fuir. Beaucoup de choses nous effraient, en particulier celles qui nous sont inconnues. Nous avons peur de ce que nous ne comprenons pas. Chaque peur représente une entrave à la découverte de notre véritable beauté - l'être spirituel en nous. Nous devrions accueillir avec plaisir ces images effrayantes, car elles nous révéleront des pensées et des croyances limitées qui entravent notre évolution.

Toutes les images que vous avez identifiées, mais sans les comprendre, peuvent être analysées et élucidées grâce à l'imagerie mentale dirigée (manuel, cassette, etc) ou grâce à la méditation. Cette technique est particulièrement utile lorsque l'on analyse des images effrayantes. La créature monstrueuse et effrayante, ou la personne inquiétante qui hante vos rêves n'est en réalité qu'une peur qui a pris une ampleur disproportionnée. Au réveil, repensez à cette scène. Imaginez que cet "être" enlève son costume de monstre et abandonne cet accoutrement terrifiant sur le sol. Vous découvrirez alors une petite partie de vous-même - un petit lutin, par exemple - qui vous offre un cadeau. Demandez à ce petit être ce qu'il a à vous enseigner, et imaginez qu'il vous délivre son message avec beaucoup de tendresse.

Vous pouvez engager un dialogue avec n'importe quelle image onirique et lui permettre ainsi de vous répondre. Composez une scène à la Walt Disney avec cette image. S'il s'agit d'un arbre, imaginez-le avec un visage, des bras et des jambes, et posez-lui des questions. S'il s'agit d'une clôture ou d'un mur imposants, donnez-leur également un visage et laissez-les vous parler. Imaginez ce qu'ils ont à vous dire. Pour utiliser cette technique de manière efficace, essayez le processus suivant :

1. Décrivez par écrit la scène onirique que vous ne comprenez pas.
2. Détendez-vous, entrez dans un état méditatif puis pensez à cette image. S'il s'agit d'un objet inanimé, donnez-lui un visage et laissez-le vous parler. S'il s'agit de quelque chose d'énorme et d'effrayant, imaginez qu'il enlève son déguisement terrifiant de Mardi gras et qu'il vous apparaît alors comme quelque chose d'inoffensif et d'ordinaire. Puis, engagez la conversation. N'oubliez pas que toutes ces choses effrayantes ne sont là que pour attirer votre attention.
3. Maintenant, posez-lui cette question : *quelle révélation m'apportes-tu* ? Ou bien : *quelle partie de moi-même représentes-tu* ? Laissez cette image vous parler ; si elle reste silencieuse, imaginez ce qu'elle vous dirait. Vous pouvez aussi bien entendre des paroles ou bien n'avoir qu'une forte intuition de ce que cette forme représente vraiment.
4. Après la conversation, remerciez cette image de s'être offerte à vous. Si vous n'avez toujours pas une idée claire de ce qu'elle représente, demandez-lui de se présenter sous une autre forme dans votre prochain rêve pour que vous puissiez en comprendre le sens.

Lorsque vous commencerez à maîtriser l'expérience onirique, c'est-à-dire lorsque vous saurez que vous êtes en train de rêver, vous pourrez arrêter le flot des images et engager un dialogue avec elles tout en restant dans le rêve. Si quelque chose vous poursuit, vous pouvez faire volte-face et dire : "*Eh là ! Attends une minute. Essayons de régler tout ça. Pourquoi te laisser me poursuivre* ? *Quel aspect de moi-même es-tu* ?" Lorsque vous êtes en mesure de dialoguer avec une scène onirique, vous pouvez comprendre immédiatement ce qu'elle signifie. Dès lors que vous regardez en face votre peur, vous l'avez maîtrisée. Avec de l'humour, vous pourrez immédiatement considérer les choses dans leur juste perspective.

En outre, en ayant à tout moment conscience d'être en train de rêver, vous pouvez interrompre un rêve et dire : "*O.K., maintenant je veux apprendre quelque chose.*" Vous pouvez alors poser n'importe quelle question et vous obtiendrez une réponse. Tous nos efforts vont dans ce sens : maîtriser complètement l'expérience onirique afin qu'elle devienne un outil d'apprentissage et d'intégration de notre être.

Deuxième partie

Dictionnaire des Symboles Oniriques

A

***abandon* :** les rêves d'abandon symbolisent le rejet des traits de caractère ou des attitudes qui ne sont plus nécessaires à son évolution personnelle. Ils signalent également des sentiments de perte ou de confusion consécutifs à l'abandon de son pouvoir personnel aux autres, ainsi que l'abandon, par indifférence, de ses ressources internes et de sa force intérieure. *La nécessité de développer l'amour, l'acceptation de soi et d'assumer la responsabilité de sa propre destinée.*

abcès : voir *ébullitio*n.

abdomen : représente souvent le plexus solaire ou troisième chakra : un sentiment de bien-être et de bonne santé dans le rêve est le signe d'une vie affective équilibrée et d'un pouvoir personnel (ou énergie vitale) solidement ancré. Une sensation de souffrance ou de détresse durant le rêve signale la présence d'une inquiétude et d'une tension trop grandes. Ce symbole peut aussi refléter votre aptitude plus ou moins grande à intégrer vos expériences vécues, tout ce qui est précieux - les leçons positives qui permettent d'évoluer - et à rejeter le reste.

abeille : une merveilleuse force d'intégration ; l'affinité avec la nature ; la douceur de la vie. Symbolise également les remarques et les pensées virulentes, les commérages, les activités confuses, le fait de se laisser enquiquiner par de petits riens.

absorption : symbolise la fusion ou le mélange d'éléments distincts ; une force supérieure ou un aspect plus puissant de soi-même supplée aux faiblesses d'un aspect moins développé. Signale aussi l'abandon de son libre arbitre, le fait de se perdre dans un culte, un groupe ou dans toute autre chose qui vous écarte de votre cheminement existentiel.

abysses : être confronté à son vide intérieur ; vous vous êtes débarrassé du négatif et il est temps maintenant d'agir de manière positive. Symbolise également le fait de puiser sa force dans les tréfonds de l'inconscient ; le fait de faire face à une peur que l'on a fuie dans le passé. *C'est le moment ou jamais.*

accident : le fait de ne pas accorder assez d'attention à toutes le parties de son être, de ne pas intégrer les expériences vécues. *Les préoccupations.* Le fait d'aller trop loin. La nécessité de ralentir le flux de l'énergie, de concentrer l'énergie.

accord : harmonie avec soi-même ou avec quelqu'un d'autre. *L'engagement.* Symbolise une promesse ou un pacte qui détermineront votre orientation future ; cette voie peut être positive ou négative, aussi vous devez comprendre la nature de ce pacte et envisager ses conséquences possibles.

achat : voir *boutique*.

acide : les pensées qui ont un pouvoir corrupteur ou corrosif. Une épreuve décisive déterminera la qualité ou la valeur réelle des leçons apprises. *L'évaluation.*

acier : force, détermination. Un caractère inflexible, une froideur au plan affectif.

acteur : les rôles que vous interprétez, la façon dont les autres vous voient. Symbolise un rôle que vous jouez actuellement et qui vous permettra d'atteindre un objectif précis. Nous sommes tous des acteurs et les rôles, les expériences vécues ne sont qu'illusions. Notre image change au fur et à mesure que nous grandissons. Nos rôles changent avec l'extension de la conscience et de la connaissance de soi.

actions, obligations : s'investir dans son évolution personnelle. La sécurité se trouve à l'intérieur de soi.

adolescent : la puberté. Ce symbole représente les changements au niveau de la conscience physique et sexuelle dus à l'éveil des forces de la kundalini. Le développement affectif, lui, est plus lent. Indique une confusion généralisée du fait des changements rapides et de l'accroissement de l'énergie dans le corps tandis que les émotions et la raison sont rejetées. Si dans le rêve vous êtes un adolescent alors que vous n'en êtes plus un depuis longtemps, c'est sans doute que vous vous comportez actuellement comme tel (instabilité émotionnelle et manque de jugement) ; cela peut également signaler la nécessité d'éveiller et d'intégrer la conscience sexuelle. (L'énergie de la kundalini s'éveille à nouveau avec une grande force au moment de la ménopause, tant chez l'homme que chez la femme.)

adoption : en acceptant un aspect totalement nouveau de sa propre personnalité, on peut maintenant prendre un nouveau départ. Vous l'avez bien mérité.

adulte : la maturité, le fait de considérer la vie à partir de l'expérience vécue et en fonction d'une sensibilité plus grande envers soi-même et autrui.

adultère : vous gaspillez votre énergie et votre attention pour quelque chose qui vous éloigne de votre évolution intérieure. Vous recherchez des gratifications à l'extérieur au lieu de chercher à résoudre vos problèmes profonds. Une qualité qui vous attire chez quelqu'un d'autre est bloquée en vous ou est absente d'une relation. Ce symbole peut également représenter une fusion de vos aspects féminins et masculins, selon le sexe de votre partenaire dans le rêve. Voir *rapports sexuels.*

aéroport : le début de l'éveil spirituel. Voir *avion.*

affaires : toutes les parties de notre être qui s'unissent pour réaliser les objectifs que nous nous étions fixés.

agent immobilier : partir à la recherche de nouveaux aspects de son être.

agneau : chaleur, amour, innocence. S'il est abattu, c'est le signe que l'on sacrifie des pensées - plutôt des pensées négatives - pour le bien de son Moi supérieur. Il vaut mieux transmettre des pensées positives à son Moi supérieur plutôt que de rester enfermé dans des schémas de culpabilité et de sacrifice. Voir *sacrifice*, *animal*, *mouton.*

aigle : un grand pouvoir. Votre être spirituel prend son envol. Représente une formidable liberté qu'il faut savoir utiliser avec sagesse. *Accepter ses responsabilités et satisfaire ses propres besoins.*

aiguille : créer. Assembler les pièces d'un puzzle. Représente quelque chose qu'il est difficile de trouver, comme une aiguille dans une meule de foin. Voir également *injection.*

ailes : la liberté. L'envol vers de nouveaux sommets. L'absence de limites. En s'ouvrant à sa conscience spirituelle, il n'est rien que l'on ne puisse réaliser.

aimant : s'unir, s'entendre avec autrui dans sa vie relationnelle, dans ses affaires, ou dans d'autres domaines.

alarme : prudence ou avertissement ; vous êtes en train de dévier de votre chemin ; vous vous attaquez à une situation ou à une relation douteuses. Vous devez assumer la responsabilité des changements nécessaires.

album : regarder un album photo signifie que l'on est à nouveau confronté aux mêmes leçons dans des circonstances nouvelles. Symbolise le fait de se souvenir d'intuitions passées qui peuvent aujourd'hui se révéler fort utiles. Signale une source de plaisir. *Les archives des expériences vécues.*

alchimiste : il vous libérera des idées fausses en modifiant votre conscience. *Le Moi supérieur*. Voir *gourou.*

alcool : toutes les boissons alcooliques ont un effet paralysant, car elles engourdissent l'esprit et la sensibilité. Ce symbole peut signaler une hypersensibilité, la nécessité de se détendre, de méditer et d'augmenter l'intensité du champ énergétique afin de maintenir l'équilibre intérieur. Représente également le besoin de s'ouvrir et de s'exprimer sans trop perdre ses moyens. C'est aussi un symbole de transformation (Jésus a changé l'eau en vin), par exemple la transformation de sa conscience pour s'élever au plan spirituel.

alerte : Faites attention où vous mettez les pieds. Le contenu du rêve peut vous indiquer ce dont vous devez prendre garde.

algues : voir *varech.*

aliéné : être coupé de la réalité. L'incapacité à distinguer le vrai du faux. *Maladie, déséquilibre*. Voir *fou.*

allaitement : rechercher un soutien émotionnel ou l'accorder aux autres. Vous devez protéger votre énergie et faire attention de ne pas donner trop à autrui. Voir *alimentation au sein.*

allergie : une extrême sensibilité due à votre constitution physique ou à un refoulement affectif.

alligator : une formidable aptitude à l'expression verbale dont il faut user avec précaution pour en éviter les effets destructeurs. La peur d'un mauvais usage du pouvoir de mots. L'équilibre précaire entre l'énergie physique et l'énergie émotionnelle.

allumage : mettez le contact et partez sur la route de l'évolution.

allumettes : des outils pour nettoyer le corps, l'esprit et l'âme. Peut également symboliser des petits riens qui attisent votre colère.

alphabet : les symboles fondamentaux qui permettent de communiquer idées et sentiments ; les interprétations culturelles de la réalité. Le fait d'harmoniser ses idées et ses sentiments, même si c'est à un niveau de compréhension encore primitif. On peut interpréter les lettres de l'alphabet en utilisant leur signification numérologique (par exemple A, J et S = 1.)

Voir la liste ci-dessous. Voir également *nombres*.

1	**2**	**3**	**4**	**5**	**6**	**7**	**8**	**9**
A	B	C	D	E	F	G	H	I
J	K	L	M	N	O	P	Q	R
S	T	U	V	W	X	Y	Z	

ambassadeur : le guide intérieur, un maître ; la partie de vous-même à laquelle vous pouvez faire appel à tout moment pour résoudre un problème ou pour acquérir des connaissances.

ambulance : une urgence ; arrêtez tout et examinez attentivement la situation.

ami : une qualité que vous découvrez chez un ami n'est rien d'autre que la projection d'une de vos propres qualités que vous avez peut-être du mal à reconnaître.

amour : Dieu est amour. L'amour est la plus grande force de l'univers. Plus vous aimerez, et plus vous découvrirez les abysses de votre être profond.

ampoule (cloque) : éruption d'émotions, de pensées et de sentiments pernicieux. Si l'ampoule n'est pas percée, vous devez vous libérer de vos discordances intérieures afin de pouvoir guérir. Voir *ébullition*.

ampoule électrique : une ampoule allumée symbolise une idée ; si elle est éteinte, c'est que vous devez méditer pour étendre votre champ énergétique, pour trouver des idées nouvelles.

amputation : le fait d'abandonner son pouvoir, ses capacités (symbolisé par l'amputation d'un membre ou d'une partie d'un membre). Le fait de "s'amputer" de parties de soi-même que l'on juge inutiles alors que l'on devrait les intégrer et non les rejeter. Exemple : la perte du bras droit signifie que vous ne voulez plus rien donner, ni à vous-même ni aux autres ; la perte du bras gauche signifie que vous ne recevez plus l'énergie nécessaire pour renouveler ou reconstruire votre vie. Voir les articles concernant les diverses parties du corps et l'article *corps*.

ancien : les vérités qui résistent à l'épreuve du temps ; la partie éternelle de votre être qui évolue à travers de nombreuses existences et leçons. Quelque chose d'ancien peut indiquer la sagesse, l'emprise sur sa propre vie, ou bien des parties de son être désormais inutiles.

ancre : votre corde de sécurité, votre centre de contrôle. La liberté de choisir ses réactions et ses expériences affectives, la capacité de s'ancrer ou de poursuivre sa route. Si vous avez jeté l'ancre, c'est que vous maîtrisez vos émotions et que vous n'avez plus besoin de vous interroger sur la direction à prendre avant de poursuivre votre route. Si vous n'avez pas d'ancre, c'est que vous allez de port en port sans but et privé de la liberté de choix. Quoi qu'il en soit, l'ancrage est un état temporaire qui ne devrait pas vous empêcher de partir à la découverte de nouvelles expériences et leçons.

âne : voir *mule*.

anesthésie : votre vigilance s'est assoupie. L'engourdissement des sentiments, des émotions. L'incapacité de voir et d'entendre clairement. Le refus de regarder sa vie en face et de prendre ses responsabilités. Il est vrai que les effets de l'anesthésie s'estompent peu à peu, mais vous pouvez hâter le processus grâce à la méditation.

ange : le messager de Dieu, l'idéal le plus élevé de votre être spirituel. *Un message onirique important*. Soyez attentif !

animal : la partie intuitive de l'être en harmonie avec la nature et la pérennité de la vie qui est associée avec les deuxième et troisième chakras. Symbolise aussi les qualités qu'un animal particulier représente à vos yeux - par exemple, la ruse, le pouvoir ou la sagesse. Voir les articles concernant chaque animal en particulier.

anneau : une promesse. Une vision de l'éternité. L'accent de la vérité. Voir *cercle*.

année : une unité de temps ; l'accomplissement du cycle de croissance et d'apprentissage. Voir *nombres* et *temps*.

anniversaire : symbolise la célébration de la venue au monde d'un nouvel aspect de votre être. *Une re-naissance.*

anorexie : le fait de se priver de nourritures spirituelles, émotionnelles ou physiques. Symbolise le manque d'amour et d'acceptation de soi, le fait de déployer de grands efforts pour se forger un ego idéalisé qui est en réalité vide et dépourvu de sens. *Autopunition.*

antenne : la capacité de transmettre et de recevoir l'énergie. Votre niveau d'énergie détermine le type de pensées que vous êtes en mesure de transmettre et de recevoir. A un niveau ou à un autre, nous sommes toujours en communication avec le monde environnant. Observez à quoi ressemble l'antenne - longue, courte, pliée, cassée -, pour avoir une idée de votre aptitude présente à "effectuer un bon réglage". La méditation vous procurera une puissante "antenne" pour bien capter les messages. Vous pouvez apprendre à brancher ou à débrancher votre "émetteur-récepteur", à vous plonger dans des états de conscience élargis pour recevoir des informations.

antidote : pour corriger une erreur ou un déséquilibre. Apaise et guérit.

antiquité : représente généralement de vieux schémas de comportement ou systèmes de croyance qui ont joué leur rôle dans votre instruction et votre évolution et dont vous devriez maintenant vous débarrasser. *Vos racines.*

antiseptique : purifie et guérit ; protège contre les pensées négatives indésirables.

anus : un moyen de vous débarrasser des pensées et des expériences désormais inutiles. *La nécessité d'une purification intérieure.* Signale également une zone de tension latente qu'il est difficile de situer. Indique la nécessité de se libérer de ses tensions et de ses soucis.

apôtre : le Moi supérieur ou le Maître, celui qui recherche la lumière et la vérité. Représente une source de conseils et de connaissance profonde. Symbolise l'enseignement et la résolution rapide des problèmes. Soyez très attentif à ce que l'on vous transmet.

appareil stéréo : le fait de créer la plus grande harmonie et la plus grande beauté possibles.

appât : quelque chose d'attrayant, une occasion. Le fait d'être fortement attiré dans une certaine direction. Examinez bien la situation sous tous ses angles. Ce symbole indique qu'il faut se montrer attentif et prudent.

applaudissements : des félicitations de votre guide intérieur. La satisfaction personnelle pour un travail bien fait, quelle qu'en soit l'importance. Le fait de renforcer l'estime de soi ou la nécessité de le faire.

apprivoisé : l'acceptation de parties de soi-même que l'on rejetait jusque-là. *L'harmonie, la paix intérieure.*

aquarium : indique qu'un apaisement au plan affectif est actuellement nécessaire dans votre vie. L'aquarium vous montre vos émotions sous un aspect détendu et reposant. Voir *poisson, eau.*

araignée : vous créez votre propre toile d'araignée (ou espace vital). Vous pouvez aller où vous voulez et tisser comme vous l'entendez la trame de votre vie. Les huit pattes de l'araignée représentent l'énergie cosmique nécessaire pour créer votre univers. Trop souvent, nous nous laissons prendre dans nos propres filets en oubliant qu'ils ne sont en réalité que nos propres illusions. Nous cherchons sans cesse à contrôler, à manipuler les autres, à les faire rentrer dans nos réalités limitées. Représente un piège, les illusions. *Prudence.*

arbre : symbolise l'évolution personnelle, le développement de son être tout au long de la vie. Les racines de l'arbre sont les fondations de votre être : si elles sont puissantes et profondes, c'est que vous êtes fortement relié à la source spirituelle. Le tronc représente la colonne vertébrale, la source des forces de la kundalini, la puissance. Les branches sont les talents et les aptitudes, les occasions d'exprimer ce que l'on a en soi. Les feuilles représentent les nombreuses manifestations de vos dons, les résultats de votre épanouissement et de vos réalisations dans le monde. L'arbre n'est responsable que de sa propre croissance. L'élagage des arbres apporte davantage de lumière et une croissance plus saine. Un arbre chenu, rabougri, indique que l'on ne reconnaît ni son potentiel ni sa valeur personnelle. Un vieil arbre noueux indique que les tempêtes existentielles vous ont durement éprouvé ; vous n'avez tiré aucun enseignement de vos expériences ou bien vous ne vous êtes pas débarrassé des aspects inutiles de votre personnalité. A l'image de l'immense séquoia, vous devriez toujours tendre vers le haut à travers l'expression majestueuse de vos richesses intérieures.

arc : la capacité de fixer des objectifs, la force de les réaliser. La souplesse. La force qui peut diriger la flèche de la réussite. Voir *archer, flèche.*

arc-en-ciel : une harmonie et un équilibre parfaits. *L'achèvement, la santé, la complétude.* Vous avez surmonté des expériences difficiles et fait du bon travail. Votre Moi supérieur ou votre guide intérieur est particulièrement satisfait.

arche : l'Arche de Noé symbolise l'équilibre des énergies féminines et masculines dans les courants émotionnels de la vie. L'équilibre affectif dans les relations hommes-femmes. Voir *bateau.*

archer : il vous montre la voie. *L'énergie causale.* Voir *flèche* et *arc.*

architecte : vous êtes l'architecte et le bâtisseur de votre vie. Peut représenter la définition de nouveaux objectifs, le fait d'établir les plans détaillés d'une expansion future. Il est temps d'assumer ses responsabilités.

Arctique (l'): le gel des émotions, la peur de s'ouvrir. Le refus de voir que votre véritable nature est faite de souplesse et de malléabilité. Il est temps de sortir de votre frigidaire pour vous décongeler !

arène : voir *stade.*

argent (métal) : protection spirituelle. Lumière, vérité.

argent (monnaie) : des pièces de monnaie annoncent des changements imminents dans votre vie. Des billets de banque annoncent de grands changements. Notez tous les nombres qui apparaissent et vérifiez-en la signification numérologique.

argile : vous êtes maintenant prêt à vous adapter à une situation nouvelle, introduisant ainsi de nouvelles réalités dans votre vie. Indique qu'une situation difficile peut être remodelée en une expérience harmonieuse.

armée : le besoin d'autodiscipline physique pour trouver l'équilibre. Voir *militaire* et *guerre.*

armes : une mauvaise utilisation de l'énergie. Les mécanismes de défense, la volonté de contrôle, les manipulations. Les mots peuvent être des armes. La lucidité et l'amour sont les seules armes dont vous ayez besoin pour donner naissance au genre de monde que vous souhaitez. Voir *fusil.*

armoiries : la conscience de son identité et de ses racines.

arrestation : la privation de liberté ; une progression entravée. L'obligation d'assumer les actes et les comportements qui ont entraîné cette situation particulière. Puisse cette expérience vous permettre d'accéder à une compréhension nouvelle et positive des choses.

arrivée (l'): achèvement. Vous avez fini ce que vous aviez commencé et vous pouvez maintenant vous concentrez sur de nouveaux objectifs.

art : les facultés et le potentiel inconscients. L'expression créatrice à travers les relations, la musique, l'écriture, la peinture ou toute autre discipline artistique. *L'art de vivre.* Représente la façon dont vous vous exprimez. Vous devez développer et exploiter davantage vos facultés créatrices.

arthrite : le refoulement ; l'immobilisme engendré par des croyances et des attitudes rigides. La difficulté à exprimer ses sentiments et ses besoins. *L'autopunition.*

articulations : le besoin de travailler ensemble. La souplesse. Le côté droit symbolise le don, le gauche, l'acceptation.

as : le talent ou la faculté qui vous permettront de poursuivre le grand jeu de la vie avec un as dans votre manche. Représente les nombres 1 ou 11. Voir *nombres.*

ascenseur : le sens de ce symbole dépend du mouvement : ascendant ou descendant. Si l'ascenseur monte, c'est que vous êtes dans la bonne direction et que vos perspectives sont pleines de promesses ; s'il descend, c'est que vous avez pris la mauvaise direction. Le fait de descendre peut également signifier que vous explorez actuellement des problèmes profondément ancrés en vous, que vous essayez de comprendre vos sentiments et vos motivations.

ascétisme : l'abnégation ; les efforts consentis pour développer sa richesse intérieure en renonçant au monde extérieur. La recherche spirituelle, souvent mal orientée à cause d'une haine ou d'une piètre image de soi-même, alors que seul l'amour de Dieu favorise cette recherche. *La purification.*

aspirateur : indique que vous êtes en train de remettre de l'ordre dans vos affaires.

assemblée : voir *groupe.*

assis : *la nécessité de réfléchir avant de franchir un obstacle.* Prenez le temps de vous détendre et de reconstituer vos forces avant de poursuivre votre route.

asthme : un manque de protection du chakra du cœur. Le fait de trop absorber le stress et les tensions des personnes de votre entourage. Symbolise une respiration laborieuse consécutive à une surcharge affective. Signale la nécessité de se relaxer et de méditer pour développer et centrer son énergie.

astrologie : l'influence des cycles cosmiques planétaires sur votre propre vie. *Les énergies cosmiques.* Les lignes directrices, la carte des aspects planétaires (ou concepts) que vous utilisez pour renforcer vos connaissances et poursuivre votre évolution. Les configurations astrologiques sont des tremplins qui permettent d'atteindre une conscience supérieure. Sachez cependant que vous êtes toujours libre d'utiliser à votre guise toute influence planétaire, à n'importe quel niveau de votre être. Voir *horoscope.*

astronaute : un explorateur ou un aventurier des mondes spirituels. Symbolise la volonté de s'ouvrir à de nouveaux plans de conscience. *L'absence de limitations.*

athlète : l'intégration des forces mentales, physiques et spirituelles grâce à la concentration et à une bonne orientation de l'énergie. L'exercice physique de diverses parties du corps - bras, tête, cou (voir les articles concernant chaque partie du corps), suggère le renforcement des qualités qui leur sont associées. Le fait de développer telle ou telle aptitude - équilibre, souplesse, vigueur - grâce à un équipement sportif particulier. Le besoin de renforcer sa conscience du corps physique et d'énergétiser son corps.

attendre : chaque chose en son temps. *Ce n'est pas encore le moment.* Peut également signifier que des sentiments de peur entravent la lucidité et le désir de progresser.

attendrissement : laisser libre cours à ses émotions et sentiments profonds. S'éveiller à une nouvelle compréhension. Symbolise également la perte de la conscience de soi consécutive à "l'absorption" des passions affectives des autres.

aube : le commencement, l'éveil, une nouvel entendement, des intuitions nouvelles. *Se montrer à la hauteur des tâches que l'on doit accomplir.*

au-dessus : tout symbole situé au-dessus de soi invite à élargir sa vision des choses, à définir de nouveaux objectifs et à puiser dans l'énergie du troisième œil afin d'atteindre un niveau plus créatif. Si quelque chose de sombre ou de menaçant plane au-dessus de vous, c'est que vous vous encombrez du lourd fardeau de vos peurs non analysées ou de celles qui ont pris, de votre fait, des proportions démesurées.

aura : la lumière ou le champ énergétique qui vous entoure, le charisme. La force et l'intensité de ce champ énergétique indiquent dans quelle mesure vous vous rendez la vie facile ou difficile. Plus l'énergie est intense, et plus vous aurez les idées claires. La méditation renforce et maintient le champ énergétique.

autel : un lieu de culte pour honorer la source de toute vie. *L'engagement envers soi-même.* Sacrifier l'ancien pour s'ouvrir au nouveau ; la conscience de notre nature spirituelle (le Divin en nous).

auteur : vous êtes l'auteur du scénario de votre vie. C'est vous qui déciderez de vous rendre la vie facile ou difficile.

autoroute : décontraction : voir *route.*

autruche : refuser d'évoluer en refusant d'affronter la vie. Tôt ou tard, il faut bien se confronter à soi-même. On ne peut se dérober éternellement.

avalanche : se libérer des émotions "gelées" grâce à un énorme choc. L'occasion d'entreprendre des changements avant la prochaine glaciation. Symbolise des aspects rejetés du corps émotionnel qui remontent momentanément à la surface. Voir *désastre.*

avare : être inconscient de sa propre valeur. Symbolise un manque, une limitation, le fait de ne pas utiliser ses talents. L'univers est abondance et vous n'avez qu'à puiser dans ses ressources. *L'égoïsme est le fruit de l'ignorance.*

avatar : voir *guidance*, *gourou* et *maître*.

aveugle : la nécessité de développer sa vision spirituelle intérieure. Vous voyez mais ne voyez pas vraiment. Vos choix ne sont pas les bons, et vous refusez de regarder la vérité en face. Regardez en vous-même, encore et toujours.

avion : tout engin volant symbolise l'éveil spirituel, l'ascension vers de nouveaux sommets. Observez si l'avion est au sol, dans les airs, s'il décolle ou s'il atterrit ; sa position reflète votre niveau de conscience ou de perception spirituelle à propos d'une situation ou d'un problème particuliers.

aviron, rame : ils vous aident à maîtriser votre bateau (ou votre vie affective). Sans aviron, vous êtes dans l'incapacité de gouverner votre bateau et vous dérivez. *Quelque chose ou quelqu'un qui vous aide et vous guide.*

avortement : le fait d'entraver sa renaissance intérieure ou son plan de vie. Il peut s'agir d'opportunités, de relations, d'idées ou de projets positifs ou négatifs ; il vous faut donc examiner soigneusement tout ce qui fait défaut à votre équilibre.

B

baby-sitting : portez davantage d'attention à votre enfant intérieur. Nourrissez-le et prenez soin de lui.

bagages : les parcours inutiles, les schémas de comportement et les concepts que vous traînez partout pour définir ce que vous êtes. Indique la présence de trop de futilités et de confusions. Souvent présentés en rêve de manière humoristique, les bagages indiquent que l'on complique inutilement les choses.

baguette magique : votre pouvoir créateur profond. Vos seules limites sont celles que vous imposez à votre imagination. Votre réalité intérieure peut changer instantanément et transformer ainsi la réalité extérieure et vos expériences.

bâillement : l'ennui. Le manque d'énergie, de motivation.

bain : une purification. Symbolise également un moment de détente et les petits plaisirs égoïstes. Voir *eau*.

baiser : affection, chaleur, communication. Symbolise par ailleurs le baiser de Judas (le baiser de la trahison). Voir *Cupidon.*

balance : l'équilibre de votre vie. Observez de quel côté penche le plateau de la balance. Si des chiffres apparaissent, vérifiez-en la signification numérologique.

balancement : une manière douce d'élever son niveau d'énergie pour centrer son corps, son esprit et son âme.

balcon : les niveaux supérieurs de perception ; l'élévation de la conscience. Peut signifier que vous êtes sur une voie ascendante. Voir *maison.*

baleine : le pouvoir de l'affectivité. La perception des choses, l'intuition. Une formidable opportunité se présentera bientôt pour vous.

balle : la plénitude, la complétude ; l'intégration du conscient et de l'inconscient, du corps, de l'esprit et de l'âme. Le fait de jouer avec une balle signale un besoin de retrouver les attitudes ouvertes de l'enfant. Lancer une balle à quelqu'un indique que c'est à lui de jouer. Si vous êtes en train d'attraper une balle, c'est qu'il est temps d'agir - la balle est dans votre camp.

ballerine : exercice d'équilibre, gaieté, exaltation. Voir *danse.*

ballon : élévation de l'âme, gaieté, liberté sans restriction. Un ballon qui éclate représente l'effondrement, dans un premier temps douloureux, d'une illusion ou d'une idée fantasque, mais qui permettra par la suite de parvenir à une compréhension profonde des choses. Chevaucher et contrôler un ballon représente l'élévation vers de nouveaux sommets. Dériver en ballon signifie que vous ne maîtrisez plus votre vie et que vous êtes à la merci des vents du changement. *Établissez votre cap.*

banque : les échanges cosmiques, les réserves d'énergie, les ressources illimitées. L'inconscient collectif. Le réservoir de toutes les connaissances et de tous les concepts dans lequel vous pouvez puiser à tout moment. Symbolise l'investissement que vous faites sur votre propre personne, le “dépôt” de vos talents et de vos intuitions. Vous êtes libre de puiser dans le “compte collectif” (l'inconscient collectif) pour créer tout ce que vous voulez. La méditation vous permettra de puiser dans ces énergies.

banquet : festin, festivités. Vous pouvez réaliser tous vos objectifs. Voir *nourriture.*

baptême : l'éveil spirituel ; la re-naissance dans une conscience supérieure grâce au Christ ou au Saint-Esprit. Symbolise la mort des schémas conceptuels réducteurs à travers la prise de conscience du Moi Divin. Le véritable baptême n'a rien à voir avec une cérémonie ou un rituel. Il s'agit d'une prise de conscience de sa propre réalité spirituelle. Cet éveil vous permet de découvrir et de comprendre votre véritable nature, de comprendre que tout est possible.

bar, bistrot : représente en général la recherche de la force à l'extérieur plutôt qu'à l'intérieur de soi. Indique la nécessité de s'accepter soi-même, de surmonter la peur d'être rejeté, le besoin de compagnie. Autres sens : la fuite, l'engourdissement des sentiments que l'on éprouve envers soi-même et envers les autres. Symbolise aussi la transformation de la conscience, le fait de puiser à la source d'un pouvoir supérieur. Voir *alcool.*

barbe : force, sagesse, masculinité. Voir *cheveux.*

baromètre : le "baromètre" de votre vie affective.

barrage : des émotions "emmurées". Le fait de s'isoler des autres. Si le barrage a cédé, c'est que vous libérez vos émotions. Voir *castor, inondation.*

barre : guider, tenir la barre. Maîtriser son destin. Voir *aviron.*

barricade : la nécessité de résoudre un problème avant de poursuivre sa route. *Tant que votre dilemme ne sera pas résolu vous ne pourrez avancer.* Symbolise les barrières que vous érigez pour entraver votre propre évolution. Cherchez la raison pour laquelle vous agissez de la sorte et efforcez-vous de trouver une solution créative en vous-même.

barrière : une opportunité, une possibilité nouvelle. Si vous ouvrez la barrière, c'est que vous êtes prêt à aller de l'avant. Si la barrière est fermée à clef, c'est que vous n'y êtes pas encore prêt. Vous devez trouver de nouvelles ressources en vous pour pouvoir prendre un nouveau départ. Posez-vous cette question : *ai-je la bonne clef ?*

bas : protection, soutien, chaleur. Bon pour l'aplomb et pour les membres. Un bas de Noël indique que l'on est prêt à recevoir de beaux cadeaux de l'univers.

bascule : vous êtes enfermé dans les même vieux schémas de comportement, dans les mêmes vieilles émotions, vous passez par des hauts et des bas. Sortez de ce cercle vicieux et remettez sérieusement de l'ordre dans vos affaires.

bataille : voir *guerre.*

bateau : la partie affective de l'être. Si vous êtes à la barre, c'est que vous maîtrisez votre vie ; si votre bateau dérive, c'est que vous n'assumez pas votre vie affective. Si votre bateau est en train de sombrer, c'est que vous vous êtes laissé abattre par vos émotions. Vous devez donc examinez avec attention ce qui vous démoralise tant dans votre vie quotidienne. A travers l'introspection, puis en effectuant des choix judicieux, vous pourrez vous délivrez de ces crises émotives.

bâton : un soutien. Le symbole mystique de tous les guides. Ce bâton vous apporte la stabilité tout au long du chemin de votre vie. Un bâton de berger symbolise le retour d'aspects de vous-même oubliés ou perdus. *Votre force intérieure.*

bébé : la renaissance intérieure ; de nouveaux aspects de l'être voient le jour. *Ouverture d'esprit, possibilités de développement inexploitées.*

bégaiement : le refus d'exprimer ses sentiments par la parole. Hésiter à exprimer ses besoins et ses désirs. *L'insécurité, le manque de confiance en soi.* Voir *gorge.*

bélier : force, pouvoir, puissance masculine.

bénédiction : la protection divine accordée comme un don d'amour. *Une forme d'initiation.* Symbolise l'acceptation de soi ou la reconnaissance des progrès accomplis au plan de l'entendement et de l'évolution personnelle.

béquille : une aide, un soutien temporaires auxquels on a recourt lorsque l'on est incapable d'utiliser ses forces et sa sagesse intérieures. *Le fait de se polariser sur ses handicaps au lieu de chercher à résoudre ses problèmes.*

berceau : prendre soin d'un aspect nouveau de son être. *Le besoin d'être aimé et materné.*

bercement (d'un bébé) : combler d'amour une partie toute nouvelle de son être. Voir *allaitement.*

beurre : douceur, maternage. Quelque chose d'aspect glissant, graisseux. Symbolise également la flagornerie, comme le fait de se passer de la pommade, ou d'en passer à quelqu'un d'autre.

Bible : la recherche spirituelle. Représente l'humanité en quête d'illumination. La Bible est le texte qui se rapproche le plus de la vérité, mais elle doit être interprétée de manière symbolique.

bibliothèque : les ressources et les connaissances intérieures. *Apprendre quelque chose de nouveau.* L'étude.

bicyclette : le besoin d'équilibre dans sa vie. La nécessité d'équilibrer les énergies et de reconstituer ses forces avant de poursuivre sa route.

bijou : une faculté inestimable est tapie au fond de votre être mais vous ne l'avez pas encore reconnue. *Un talent caché.* Vous avez en vous des dons inestimables. Pour vivre dans la joie, reconnaissez votre beauté intérieure et vos ressources créatrices. Voir également chaque bijou en particulier et l'article *trésor.*

bijouterie : des facultés et des dons divers. Les ornements, la beauté. L'expression de soi, l'identité personnelle. La pierre précieuse dont vous rêvez peut indiquer que vous avez besoin de son énergie ou de sa couleur spécifique pour améliorer votre état de santé et votre bien-être. Voir chaque bijou en particulier.

billet, ticket : une occasion de vivre une nouvelle expérience. *Un billet d'avion, un billet de cinéma, etc.*

blanc : vérité, pureté, lumière Divine, lumière Christique, protection, guidance.

blanchisserie : décaper certains aspects de soi-même. *Remettez de l'ordre dans vos affaires.*

blessure (de l'âme) : une blessure affective représente la révélation d'une vérité que vous êtes incapable d'accepter pour le moment. *Les illusions perdues.* Vous êtes toujours responsable de ce qui vous arrive et ne pouvez imputer vos blessures qu'à vous-même. Une blessure physique représente des limitations. Le sang qui s'écoule d'une blessure indique une perte d'énergie. Voir *souffrance.*

blessure : un déséquilibre mental, affectif ou physique qui entraîne une perte d'énergie. Efforcez-vous de localiser la blessure. *Les conduites autodestructrices, le fait de gaspiller son énergie.* Reflète souvent une blessure affective : vous n'arrivez pas à oublier quelqu'un ou bien vous vous sentez blessé et négligé. Pardonnez, lâchez prise, et retrouvez votre être créatif afin de connaître la plénitude.

bleu : spiritualité, détente, bonheur. Selon le contexte, peut signifier tristesse ou désillusion (*avoir le blues*). Symbolise les émotions qui vous laissent comme pétrifié lors d'expériences douloureuses.

blizzard : subir un bouleversement émotionnel qui donne la chair de poule et refuser de considérer les formidables changements et possibilités qui pourraient en résulter. Jeter de la poudre aux yeux, à soi-même et aux autres. *Efforcez-vous de comprendre les raisons de cette attitude*. Voir *neige*, *avalanche*.

bocal : voir *bouteille*.

bois de charpente : des matériaux de construction pour bâtir votre vie. Indique que l'on s'apprête à s'engager dans de nouvelles expériences. *Force, souplesse*.

bois : flexible, chaud, nourricier, apaisant. Une partie de l'arbre représente les force de vie auxquelles ont peut donner des formes nouvelles.

boîte de conserve : si elle est fermée, c'est le signe qu'une partie de soi-même n'a pas accès à la conscience. Une boîte de conserve rouillée représente les vieilles croyances et attitudes désormais inutiles. Symbolise également quelque chose d'artificiel, comme les rires enregistrés d'une émission de télévision. *Le fait de se débarrasser de quelque chose, d'une vieille habitude par exemple*.

boîte de Pandore : le processus d'évolution. Pour avoir une image positive de soi-même, il faut se débarrasser de toute sa négativité, de toutes ses peurs.

boite de vitesse : embrayer une vitesse signifie que l'on est prêt à s'engager dans de nouveaux projets. La vitesse choisie indique votre niveau d'énergie.

boîte : les différents scénarios de votre vie, les petites réalités que vous créez, les limites que vous vous imposez. Il faut continuellement s'efforcer de sortir des vieilles ornières pour élargir sa vision des choses.

boiteux : votre état de santé ou vos pensées vous empêchent d'avancer à toute vitesse. Un déséquilibre. Une pensée limitée. Voir *difformité.*

bombe atomique : symbolise d'une part un énorme potentiel énergétique et, de l'autre, l'esprit de responsabilité nécessaire pour en faire un usage créatif. Si cette bombe est sur le point d'exploser, c'est sans doute le signe d'un grand refoulement émotionnel : exprimez vos émotions, recherchez de l'aide, prenez en compte vos besoins et agissez immédiatement. Symbolise également l'éveil des forces de la kundalini, à l'image d'une explosion qui vous propulse dans une conscience supérieure.

bonbon : un plaisir que l'on s'offre. Peut indiquer le besoin d'un surcroît d'énergie. Se gâter soi-même en s'autorisant faiblesses et douceurs au lieu de se conformer à un mode de vie équilibré.

bouche : verbalisation, communication. Exprimez-vous. Symbolise également une grande gueule, les commérages. Faites attention à ce que vous dites à propos des autres. *Une source de maternage et de subsistance.*

boucher : agression, colère. Votre Moi est morcelé car vous refusez d'intégrer les différents aspects de votre être, vous rejetez l'accomplissement et la complétude. *Peurs, insensibilité.*

bouchon de liège : la gaieté. La faculté de s'élever au-dessus des péripéties de la vie quotidienne, des hauts et des bas de l'affectivité. *Faculté d'adaptation, souplesse.*

boucles d'oreille : un moment propice à l'écoute de sa voix intérieure.

bouclier : protection. Le bouclier blanc et léger de Cupidon peut être utilisé à tout moment pour écarter toute vibration négative et pour vous permettre de rester centré et équilibré. Les autres boucliers, ceux qui servent comme instruments de défense, ne sont que des mesures palliatives.

Bouddha : le Maître ; la partie spirituelle la plus élevée de l'être ; la source de l'énergie et de la vérité spirituelles.

boue : si vous êtes embourbé, c'est que vous n'avancez pas dans la vie et que vous avez besoin de vous libérer de pensées et de situations qui vous limitent. Si vous êtes couvert ou entouré de boue, c'est qu'il faut remettre de l'ordre dans votre vie et dans vos affaires.

bougie : la lumière intérieure. Chaque âme a une lumière intérieure, mais la faculté de voir avec clarté dépend de son intensité. La lumière est la véritable nature de votre être. La conscience en détermine l'éclat.

bouquet : célébration du progrès. Vous pouvez être fier de vous, vous avez fait du bon travail. Voir également *fleur*, *floraison*.

bourgeon : s'ouvrir peu à peu à de nouvelles possibilités ; faire preuve de patience.

boussole : arrêtez-vous pour déterminer la bonne direction. Si vous avez l'impression d'être perdu, faites confiance à votre conscience profonde, à votre cheminement intérieur, et vous trouverez la voie. *La direction que vous suivez actuellement.* Voir *nord*, *sud*, *est*, *ouest*.

bouteille : une bouteille capsulée indique que l'on est renfermé sur soi-même, mais que l'on peut facilement s'ouvrir et étendre sa conscience à de nouveaux horizons. Une vieille bouteille vide représente une partie de vous-même que vous rejetez parce qu'elle est désormais inutile. Un message trouvé dans une bouteille jetée à la mer représente la solution à un problème transmise par votre inconscient.

boutique : ici, les opportunités et les outils divers nécessaires à votre évolution sont à votre disposition. *A la recherche de nouveaux rôles dans la vie*. Voir également *marché*, *magasin*.

bouton : signifie parfois, de manière humoristique, *motus et bouche cousue*. Si vous vous déboutonnez, c'est que vous êtes en train de vous ouvrir au monde extérieur. Peut également indiquer que l'on vous titille pour voir comment vous allez réagir.

bracelet : voir *bijouterie*, *main*.

branche (arbre) : une branche d'arbre représente un talent ou une faculté que vous avez développés. Chaque branche possède ses propres qualités, symbolisées par les feuilles. Autre sens : *Être au bord du gouffre*. Voir *arbre*.

bras : l'expression du pouvoir ou de l'énergie ; une extension de soi-même. Le bras droit indique le fait d'envoyer ou de révéler quelque chose ; le bras gauche signifie recevoir ou intégrer quelque chose. Selon le contexte du rêve, les bras peuvent symboliser le soutien, la créativité ou la façon de s'exprimer.

brique : force, endurance. Prendre une nouvelle direction, remodeler sa vie.

brocante : des objets, de vieilles idées etc., qui vous sont désormais inutiles.

bronze : force, ingéniosité. Symbolise une protection, une couche protectrice. Représente les leçons apprises tout au long de la vie.

brosse (cheveux en) : le fait de se débarrasser de problèmes épuisants. *La maîtrise de l'énergie.* Autres sens : *mettre quelque chose de côté. Ne pas prêter attention à certaines choses.*

brosse à dents : les commérages, la négativité. Soignez votre façon de communiquer. Voir *dents.*

brouillard : l'incapacité à voir clairement. Rassemblez vos énergies pour comprendre la situation ou la voie à suivre.

brûlure superficielle : des émotions enflammées. Une relation affective ou professionnelle est en train de vous consumer. Voit *chaud, chaleur.*

brûlure : purification. Voir *feu.*

bûche : trouver la force de purifier des aspects de soi destructeurs et désormais inutiles.

bulbe : un bulbe à fleur représente le potentiel de croissance ; il est temps de planter les graines de votre vie.

bulldozer : une puissance énorme pour construire ou pour démolir. Signifie également le fait de "déblayer" l'ancien pour se préparer au nouveau. *Se débarrasser des vieilles idées.* Selon le contexte du rêve, peut signifier la "destruction" de ses propre barrières, ou bien la construction de nouvelles fondations, ou encore les deux à la fois.

bulle : voir *ballon.*

bulletin de vote : symbolise une décision ou un jugement concernant une question qui vous préoccupe.

bureau (table) : les problèmes que vous essayez actuellement de résoudre. Symbolise les études, l'exploration, la découverte de soi.

bus, autobus : une formidable aptitude à l'affirmation de soi. Voir *véhicule.*

buse : un symbole constructif signifiant que l'on doit se débarrasser de vieilles attitudes et de vieux concepts qui ont fait leur temps. Vous devez vous efforcer de vous défaire de tout ce qui ne peut désormais qu'entraver votre évolution. C'est là le cours naturel des choses.

C

cabane : indique la nécessité de se reposer et de se détendre.

câble : la communication avec soi-même et avec les autres. Symbolise l'aptitude à envoyer et à recevoir des messages. *Un lien très fort.* Un fil électrique symbolise la force et l'endurance. Voir *fil électrique.*

cachette : la peur d'affronter certaines situations. Se mentir à soi-même. Voir *ermite.*

cactus : prudence ; on peut regarder, mais il ne faut pas toucher. Une chose en apparence belle peut réserver de mauvaises surprises. Symbolise la partie négative de l'être qui prend de l'ampleur si l'on n'y prend garde et qui peut vous blesser ou blesser autrui. *Un problème épineux.* Les commérages, les remarques acides, le fait de se montrer injuste envers soi-même ou envers quelqu'un d'autre.

cadavre : quelque chose en vous - sentiment, attitude, croyance - est mort. Peut avoir des aspects positifs comme négatifs. Indique généralement des sentiments et des réactions refoulés. La peur vous a en quelque sorte "emmuré vivant". Voir *mort.*

caddie : un moyen pour vous aider à accumuler et à transporter tout ce qui est nécessaire à votre entretien physique, mental et spirituel.

cadeau : une forme d'initiation ; des félicitations pour un travail bien fait.

cadran : la capacité à s'affranchir des différents niveaux énergétiques, à se régler à bon escient sur différentes fréquences (ou pensées).

café : relaxation, stimulation, apaisement ; une habitude qu'il faut peut-être remettre en question. Le sens du rêve varie selon ce que le café représente pour vous.

cage : symbolise notre propre prison. La peur d'être prisonnier de nos propres limitations. La peur de s'exprimer librement. La porte de la cage n'est jamais fermée ; vous êtes libre d'aller où bon vous semble en passant par le seuil de la liberté (votre conscience).

calculatrice : l'évaluation de soi ; la recherche d'une explication. Selon le contexte, peut indiquer une personnalité rigoriste, critique, dogmatique, un caractère sévère. La nécessité d'équilibrer les flux énergétiques. *La compréhension d'une situation.*

calendrier : symbolise le moment de réaliser un projet ou sa programmation dans le temps. Le déroulement des événements. La croissance saisonnière. Voir *temps* et *saison.*

câlins : expression de l'amour, des soins, de la chaleur humaine et de l'affection. *Le besoin de soins affectueux.*

calvitie : tout ce qui est sans ornement, non déguisé. Symbolise le fait d'exposer le chakra de la couronne à des vérités et à des enseignements supérieurs et le fait de se consacrer à l'évolution spirituelle. La perte des cheveux représente également la perte de son pouvoir. Voir *cheveux.*

cambrioleur : indique que quelque chose dépouille le Moi de son énergie et gaspille ainsi la force vitale. Symbolise souvent votre incapacité à dire "non" : votre temps et vos réflexions sont précieux, aussi n'en faites pas don aux autres de manière inconsidérée. La négativité, la peur, l'angoisse, les sentiments de culpabilité et les résistances sont des exemples de "cambrioleurs intérieurs".

caméléon : la faculté d'adaptation ; la souplesse ; l'instabilité ; le fait de changer constamment de rôles. *Une nature capricieuse.*

caméscope : voir *film.*

camion : un véhicule puissant et de grandes dimensions. *Un grand potentiel.* S'il s'agit d'un semi-remorque, c'est que vous portez une charge inutilement lourde. Voir *voiture.*

camisole de force : restriction, limitation. Vous êtes pieds et mains liés par vos propres conflits. Ce symbole indique que vous bloquez votre énergie créatrice et vos intuitions.

campagne : les images de campagne indiquent qu'il est temps d'évoluer, de créer, de se détendre. Retrouver cette affinité avec la nature qu'ont les enfants. De nombreuses possibilités créatives.

camping : camper en pleine nature permet de rétablir le contact avec la terre, de développer sa conscience. Communier avec soi-même et avec la vie d'une manière dépouillée, primitive. Être en harmonie avec la nature et puiser à une source d'énergie plus profonde, plus puissante. S'il s'agit d'un camp militaire, voir *militaire* et *guerre*.

canal : une vie affective étriquée. Une vie affective qui vous permet peut-être de préserver votre temps et votre énergie, mais qui ne laisse que peu de place à la diversité et au changement.

canard : gérer les problèmes affectifs avec souplesse. Symbolise les facultés d'adaptation des êtres vivants - être capable de voler, de nager ou de marcher. Si vous nagez la tête au-dessus de l'eau, c'est que vous maîtrisez parfaitement vos émotions.

cancer : colère, frustration, désillusions. La peur qui vous ronge peu à peu. Un manque d'amour de soi. L'incapacité ou le refus d'examiner ses déséquilibres internes. Les refoulements, quels qu'ils soient, sont dangereux pour la santé physique, mentale et émotionnelle. Laissez vos émotions s'exprimer, soyez honnête avec vous-même.

cancre : vous n'utilisez pas vos facultés mentales ; réfléchissez à ce que vous voulez faire de votre vie. *Le fait de céder son pouvoir.*

canne à pêche : les outils qui facilitent l'évolution spirituelle et affective. La quête de la conscience spirituelle. Ce que vous cherchez se trouve en vous. *"Aller à la pêche aux réponses"*. Voir *poisson*.

canne : soutien, influence salutaire. Il se peut que vous ayez besoin d'aide pour mener à bien un projet quelconque. *Une aide, un compagnon, une compagne.*

cannibale : le fait d'infliger des privations à une partie de soi-même afin de renforcer une autre partie. Détruire des parties de soi-même du fait d'une insensibilité, d'une ignorance et de désirs occultés. Vivre de l'énergie des autres au lieu de générer sa propre source d'énergie créatrice. La nécessité d'élargir ses connaissances spirituelles afin de percevoir l'interconnexion de toutes les manifestations de la vie.

canoe : conserver un équilibre affectif. Voir *bateau.*

canot de sauvetage : rester à flot dans les eaux émotionnelles, mais sans avancer. Notez comment vous allez sortir de cette situation et entreprendre des changement positifs.

canyon : s'approcher d'un territoire inconnu. L'inconscient. Les leçons spécifiques mais limitées qu'il faut apprendre avant de s'aventurer à nouveau au grand jour. *Un chemin étroit.*

capitonner, tapisser : couvrir. Tapisser un mur ou un sol signifie que l'on répare, renouvelle ou change son image.

capsule : refuge ou protection. Le moment où l'on s'ouvre, se renferme sur soi-même ou s'isole. Voir *chapeau.*

capuchon, cagoule : le fait de se cacher, l'incapacité ou le refus d'être vu tel que l'on est vraiment. Symbolise la tromperie, la malhonnêteté, mais aussi une protection.

caravane : si vous tirez une caravane, c'est que vous traînez un fardeau inutile. Si vous voyagez dans une caravane, c'est que vous ne maîtrisez pas la conduite de votre vie. Voir *passager.* Si vous vivez dans un mobile home, voir *maison.*

carburateur : mêler harmonieusement le spirituel, l'émotionnel et le physique. *L'équilibre.*

carnet : la consignation de ses besoins et désirs. Prendre des notes pour soi-même. Voir *livre, journal.*

carotte : appât, attrait. Voir *nourriture.*

carré : être coincé. Une personne trop conformiste, qui se contrôle trop. Représente l'équilibre dans ses relations et l'équilibre entre les quatre éléments : la terre, l'air, le feu et l'eau. Voir *quatre* à l'article *nombres.*

carrefour : le choix de la direction que vous suivrez bientôt. Si vous vous trouvez devant une route à bifurcation, le chemin de droite symbolisera la voie de l'intuition et de la créativité tandis que le chemin de gauche symbolisera la voie de l'intellect. (Un bon conseil : choisissez le chemin de droite).

carte : un plan de vie, le chemin que vous avez choisi de suivre, les lignes directrices, l'orientation, tout ce qui vous indique l'endroit où vous vous trouvez et la direction que vous devez prendre.

cartes (jeu de) : envisager la vie comme un jeu, un pari. Polariser son énergie sur le fait de gagner ou de perdre au lieu d'évoluer. Préférer la compétition à la création. Un voyant qui vous tire les cartes symbolise votre propre harmonie spirituelle. Le fait de rechercher la clef de son destin à l'extérieur et non à l'intérieur de soi. N'oubliez pas que toute création trouve sa source en vous-même.

cascade : l'énergie électromagnétique qui nourrit et guérit. *Libérer et exprimer ses émotions d'une manière saine.*

casque : la fermeture du chakra de la couronne. Selon l'usage qu'on en fait, un casque peut indiquer des tendances surprotectrices ou alors simplement une prudence excessive. *Le refus de résoudre ses problèmes.*

cassure : casser quelque chose signifie effectuer un changement, dissiper une illusion. Cela signifie également que l'on s'impose de trop lourdes tâches et qu'il est nécessaire de ralentir son rythme.

castor : symbolise un dur labeur pour endiguer le flot des émotions. Le refus de voir ses problèmes affectifs en face et de les résoudre. Voir *animal.*

castration : supprimer l'assurance, la force et le pouvoir masculins. Anéantir la capacité à ressentir et à créer.

catacombes : l'être profond ; les aspects occultés de notre être. S'aventurer dans les souterrains de nos nombreuses existences. *L'intégration.*

cathédrale : voir *église.*

cauchemar : tout cauchemar est un rêve instructif. C'est votre guide intérieur qui essaye d'attirer votre attention. Rien n'est effrayant lorsqu'on décrypte les symboles d'un cauchemar : l'aspect effrayant n'est là que pour vous obliger à vous en souvenir. Rêver que l'on est en train d'avoir un cauchemar constitue un message double auquel il faut prêter attention et dont il faut tirer les enseignements. Voir *monstre.*

cave : si vous vous trouvez dans la cave d'une maison ou d'un immeuble, c'est que vous cherchez à comprendre votre énergie sexuelle, que vous prenez peu à peu conscience de toutes les dimensions de votre sexualité. Les personnages, objets et expériences oniriques reflètent la façon dont vous utilisez l'énergie sexuelle, votre degré d'ouverture ou de refoulement.

ceinture : assurer la cohésion de divers éléments, le fonctionnement régulier de quelque chose (courroie de transmission, etc). Rêver que l'on porte une ceinture autour de sa taille indique généralement un stress ou une tension dans le troisième chakra - le chakra du plexus solaire. *L'estomac noué (par la peur, etc).*

célébration : voir *réception, cérémonie.*

célébrité : représente d'ordinaire vos maîtres. Notez s'il s'agit d'hommes (le pouvoir masculin) ou de femmes (le pouvoir féminin). S'il s'agit d'un comédien, c'est que vous devez introduire davantage d'humour et de gaieté dans votre vie. Vérifiez la signification numérologique du nom de cette célébrité aux articles *alphabet* et *nombre.*

célébrité : une personne célèbre apparaissant dans votre rêve représente votre guide intérieur ou un maître.

célibat : peur de l'intimité. Une démarche spirituelle peu judicieuse basée sur l'idée que l'illumination exclut l'expérience de la sexualité. *Le blocage des chakras inférieurs.* Les énergies intérieures doivent être intégrées et se fondre dans une conscience supérieure. Se retirer en soi pour découvrir son Moi profond. *L'éveil à l'identité personnelle.*

cendres : ce qui demeure après la purification spirituelle par le feu (ou lumière Divine). La purification du corps, de l'esprit et de l'âme. Le fait de se libérer de ses chaînes pour s'élever à de nouveaux sommets de compréhension.

centaure : un animal, l'instinct, la nature. Le fait de s'en remettre à l'instinct plutôt qu'à une conscience supérieure. S'agissant d'une relation sentimentale, ce symbole représente davantage la vie sexuelle qu'un véritable amour. Prendre conscience de la nécessité d'intégrer les aspects inférieurs et supérieurs de son être, l'énergie physique et l'énergie spirituelle.

cercle : la plénitude, la complétude ; l'infini, sans commencement ni fin. Ce symbole peut signifier que vous avez achevé un cycle ou bien que vous avez atteint la complétude aux plans physique, mental et spirituel. Si ce cercle prend l'aspect d'un manège ou d'un mouvement circulaire, c'est que vous ne tirez pas profit des leçons de l'existence : littéralement, vous tournez en rond.

cercueil : la fin d'une situation ou d'une expérience. Le fait d'empêcher un aspect de soi-même de s'exprimer. Être coincé, ne pas pouvoir aller de l'avant. *Il est temps de sortir de son trou et de passer aux actes*. Peut également signifier “affaire réglée”.

cerf : des aspects doux et innocents de soi-même qu'une incapacité à rassembler ses propres forces et à faire appel à sa protection intérieure exposent à la persécution. Voir *animal*.

cerf-volant : prendre son essor en toute liberté. Prendre conscience du pouvoir spirituel. Retrouver son âme d'enfant. Certaines couleurs sont également interprétées séparément.

cerveau : ordinateur cosmique ou banque de données. Bien qu'il soit associé avec l'esprit rationnel, le cerveau véhicule des informations tant du conscient que de l'inconscient, s'affranchissant ainsi de la troisième dimension spatio-temporelle. Le cerveau permet de prendre davantage conscience de son propre pouvoir, des possibilités extérieures et de développer sa compréhension de la nature interdimensionnelle de l'être humain. *Le pouvoir du cerveau est en sommeil, la méditation le réveillera.*

chaîne : la force. Symbolise les éléments d'un tout qui œuvrent de concert. Il faut savoir qu'un maillon isolé d'une chaîne signifie l'isolement et la faiblesse. La clef d'un problème est quant à elle symbolisée par un chaînon manquant. Symbolise également l'attachement aux habitudes et aux idées qui entravent votre évolution et votre réussite.

chaînon : une connexion, une partie du tout. Vous êtes un maillon dans la chaîne de la vie. Voir *chaîne*.

chaise : vos attitudes, votre position dans la société ; la manière dont vous vous percevez, votre identité. Symbolise également le confort et l'équilibre, en particulier s'il s'agit d'un fauteuil à bascule, car le mouvement d'oscillation renforce et équilibre l'énergie.

chakra : l'un des sept principaux centres énergétiques du corps éthérique. Symbolise une transformation de l'énergie. Peut signaler l'ouverture ou le blocage d'un centre particulier. Les différents chakras sont les suivants : *le chakra de la racine, le chakra de la sexualité, le chakra du plexus solaire, le chakra du cœur, le chakra de la gorge, le troisième œil* et *le chakra de la couronne.*

châle : une protection pour le chakra du cœur et celui de la couronne. Voir *cœur, gorge.*

chaleur : les émotions fortes, les désirs ardents, les grandes passions, à l'image d'une discussion animée, d'un animal en chaleur, etc. Voir *chaud, froid.*

chaman : voir *guidance.*

chameau : endurance. Des ressources internes dans lesquelles on peut puiser durant le voyage de la vie. *La persévérance nécessaire pour résoudre les difficultés.*

champ : un lieu de repos et de relaxation.

champignon : des émotions malsaines, une maladie, un déséquilibre.

chandelier : quelque chose de très raffiné, le reflet magnifique de votre lumière intérieure.

chanson : expression de joie, bonheur, harmonie. Une énergie curative. Le chant élève l'âme, éveille les forces de la kundalini. Rendez grâce au Seigneur, au Moi supérieur, à l'esprit de la vie.

chapeau : le ou les rôles que vous interprétez. L'image que vous voulez donner de vous-même et qui ne correspond que dans une certaine mesure à ce que vous êtes vraiment. Voir

charbon : vos sources d'énergie inexplorées ; votre potentiel.

chargement : porter un trop lourd fardeau, assumer de trop lourdes responsabilités. *Un fardeau inutile.* Nous pourrions tous nous délester d'une partie considérable de la charge que nous traînons partout, certains que nous sommes de son importance.

chariot, wagon : symbolise le fardeau que vous traînez avec vous. Un chariot miniature pour enfant peut indiquer le besoin de jouer pour retrouver son équilibre.

charnière : la vie s'articule autour de la perception des choses.

L'accès aux informations et à la connaissance. Une charnière fait pivoter la porte d'un côté comme de l'autre : il vous appartient d'ouvrir ou de fermer la porte de la chance.

charpentier : construire sa vie. Symbolise les réparations, l'entretien, les additions, les soustractions. Faites attention à ce que vous faites et à vos besoins.

charrue : si la terre est en train d'être retournée, c'est que vous vous préparez à franchir une nouvelle étape de votre évolution. Ce symbole indique que l'on doit s'apprêter à vivre de nouvelles expériences.

chasse : à la recherche des aspects inconnus de votre être intérieur. Des animaux en train de chasser représentent sans doute une tentative de se débarrasser de ses pulsions animales.

chat : la partie féminine de l'être. Voir *animal.*

château : un potentiel énorme au sein de l'être. "Dans la maison de mon Père il y a de nombreuses demeures". Les nombreux talents, aptitudes et niveaux de conscience dont vous n'avez pas même commencé l'exploration. Au fur et à mesure que vous apprendrez à vous connaître vous-même, à connaître la nature infinie de votre être et à découvrir vos véritables dons, vous commencerez à exploiter votre potentiel créatif. La plupart d'entre nous se contentent de vivre dans des cabanes alors qu'ils pourraient, avec quelques efforts, connaître les joies du châtelain.

chaud : peut tout simplement indiquer que l'on a trop de couvertures sur soi durant son sommeil ou alors l'existence d'un problème brûlant dans sa vie que l'on ne peut gérer qu'en gardant son sang-froid. Voir *chaleur.*

chaussure : l'ancrage dans le réel. Tout ce qui vous protège tout au long de votre vie. Ne jugez pas les autres tant que vous n'avez pas essayé de vous mettre à leur place. *Ne pas trouver chaussure à son pied, interpréter trop de rôles à la fois.*

chavirer : s'efforcer d'éviter des situations dans lesquelles on se sent mal à l'aise. Se sentir rejeté au plan émotionnel. La peur de son inconscient, de sa vie affective. Symbolise les sentiments de culpabilité, d'impuissance. Remontez dans votre bateau et frayez-vous un passage à travers ces eaux tumultueuses.

chef d'orchestre : le Moi supérieur. Symbolise le niveau de conscience nécessaire pour planifier, pour diriger et pour donner une bonne orientation à sa vie.

chemin de fer : voir *train.*

chemin : l'orientation que nous donnons à notre vie. Notez si vous montez (la bonne direction) ou si vous descendez (la mauvaise direction). Voir *route.*

cheminée : l'extension de son être ; un canal pour se purifier et se libérer d'aspects négatifs de sa personnalité, à l'image de la fumée qui s'échappe par la cheminée. *Un endroit où l'on trouve chaleur et attentions affectueuses.* Voir *maison.*

chemise : voir *vêtements.*

chêne : une formidable force intérieure. Voir *arbre.*

chenille : des connaissances limitées. L'incapacité à prendre conscience de son potentiel et de sa beauté.

chèque : acquitter ses dettes. *La récompense d'un travail bien fait.* Voir aussi *salaire.*

cheval : liberté, pouvoir, énergie sexuelle. Monter à cheval indique l'union avec la nature, une conscience élargie de soi-même.

cheveux : la puissance qui émane du chakra de la couronne ou centre spirituel supérieur. Plus les cheveux sont longs et plus le pouvoir est grand. La pilosité du corps signifie protection et chaleur.

cheville : symbolise la locomotion, le mouvement, la souplesse et le soutien. Voir *corps.*

chèvre : la chèvre est capable de digérer pratiquement tout, ce qui indique sans doute un manque de jugement. Aller à la racine des problèmes. Se débarrasser de la négativité qui empêche tout progrès. Prendre quelqu'un comme bouc émissaire, refuser d'assumer ses responsabilités.

chewing-gum : dans un registre humoristique, indique que vous êtes englué dans une situation difficile. Regardez où vous mettez les pieds, sinon vous allez vous embourber.

chien : la partie masculine de l'être. Un chien féroce indique que des tendances agressives doivent être exprimées par la parole et réorientées vers des objectifs positifs.

chiffons, haillons : c'est le jour du grand nettoyage. Symbolise les idées gâchées, l'énergie gaspillée. Si vous êtes vêtu de haillons, voir *pauvreté*.

chiot : un aspect de soi nouveau, masculin et plein d'assurance. *Le besoin d'amour et de maternage.*

chirurgie plastique : renforcer par ses propres ressources l'estime de soi-même, ou rechercher à l'extérieur l'amour et l'estime de soi.

chirurgie : l'ablation de parties malsaines de votre être pour obtenir la guérison. Déterminez quel centre énergétique doit être traité.

chocolat : s'offrir un petit plaisir après un travail bien fait. *Le besoin d'être materné*. Voir *bonbon*.

chœur : l'harmonie spirituelle. Des efforts collectifs pour connaître l'illumination. Symbolise les aspects intégrés et harmonieux de son être.

chômeurs : le refus d'utiliser ses talents ou aptitudes en raison d'une piètre image de soi-même ou d'une grande paresse. Symbolise un manque d'autodiscipline, une énergie faible, le fait d'être coupé de son pouvoir créatif. Méditez, élevez votre niveau d'énergie et mettez-vous en phase avec le sens profond de la vie.

christ : le Divin en nous. Le chakra du cœur ou l'énergie d'amour en nous. *Un Maître.*

chute : peut indiquer une incapacité soudaine à maîtriser une situation, une énergie faible. Signale la nécessité de se centrer grâce à la méditation pour être en mesure de reprendre sa route. Peut également indiquer un "mauvais atterrissage" lorsque l'on réintègre son corps la nuit.

cicatrice : une blessure affective qui est presque guérie mais qui a laissé quelques séquelles. Vous devez faire quelques efforts pour vous détachez de la personne ou de la situation en cause.

ciel : la voie du salut est dans les cieux. Symbolise l'absence de limites. Fixez-vous les objectifs les plus élevés. *Liberté, expansion. Au delà de toutes limites.*

cigare, cigarette : une sorte de tétine, à l'image des enfants qui sucent leur pouce. Une chose sans valeur en dehors de celle qu'on lui accorde - la relaxation ou les exercices pour calmer le système nerveux, par exemple. Un habitude néfaste et inutile. Un outil inutile.

cigogne : de nouvelles orientations données à sa vie. La cigogne annonce un nouveau départ et de nouvelles opportunités. *L'initiation spirituelle.* L'oiseau blanc est un messager de la vérité. Voir *oiseau.*

ciguë : la vérité. *Se battre pour ce en quoi l'on croit.*

cinéma : votre façon de considérer le passé, qui peut s'avérer utile ou au contraire entraver votre évolution. Symbolise généralement les vieux souvenirs et votre interprétation de la vie. Peut également représenter une projection du futur, aussi soyez attentif à ce que vous créez.

circoncision : couper et jeter une partie essentielle de son être ; se couper de son pouvoir, de sa sexualité, de ses sentiments ou de ses émotions.

cire : tout ce qui est mou, impressionnable, tout ce que l'on façonne facilement. Tout ce qui nettoie, astique et fait briller.

cirque : retrouver la joie de vivre de l'enfant. Peut également indiquer que votre vie est comme un cirque où trop d'événements sèment la confusion. *La quantité sans la qualité.* Apprenez à rire de vous-même, à vous sentir bien avec vous-même et avec les autres.

ciseaux : découpez tout ce qui en vous n'est plus utile à votre évolution. La peur de se couper avec des ciseaux indique que l'on a peur d'être coupé d'une partie de soi. Découper une image ou un texte dans un livre ou un magazine signifie que l'on veut conserver quelque chose qui revêt une signification importante pour soi, qu'il s'agisse d'une idée ou d'un idéal, pour l'intégrer dans sa vie.

citron : une piètre qualité. Symbolise également un agent purificateur, curatif. Voir *jaune.*

classe : apprendre une nouvelle leçon. Adopter une certaine ligne de conduite dans la vie. Voir *école.*

clef : la lucidité intérieure est la clef de toutes les vérités. *La sagesse, la connaissance.*

cloaque : tous les schémas de comportement négatifs, tous les concepts réducteurs que vous entretenez. Il est temps de vous purifier au plan émotionnel, de vous pardonner et de pardonner aux autres.

cloche : l'éveil à de nouvelles intuitions, l'équilibre interne et l'harmonie avec la conscience Divine. Ce symbole vous demande d'être attentif et sensible aux expériences présentes et à venir ainsi qu'aux messages oniriques.

clôture : un obstacle à surmonter pour pouvoir continuer à apprendre les leçons de la vie. Une clôture imposante et solide signifie qu'une grande réflexion sera nécessaire pour résoudre votre problème. Une clôture de petite dimension, où à travers laquelle on peut voir, signifie que vous aurez besoin de moins d'efforts créatifs pour résoudre votre problème.

clown : la faculté de rire de soi-même, de saisir l'humour de toutes les situations. On apprend davantage à travers le rire et la gaieté. Le rire guérit. Jouissez de la vie, ne craignez pas d'être vous-même.

cobra : les forces de la kundalini (l'énergie vitale ou créatrice) s'élèvent dans le corps et traversent les centres énergétiques ou chakras. *L'éveil du pouvoir intérieur.* Voir *serpent.*

cochon : vous (ou quelqu'un d'autre) n'aimez pas partager - qu'il s'agisse de temps, d'énergie, d'argent ou de tout ce que vous voulez - car vous vous bâfrez comme un pourceau. *S'attribuer le mérite d'une action, alors que c'est quelqu'un d'autre qui a fait tout le travail.*

cœur : la puissance Divine, le Christ en nous. *Amour, émotions, sentiments.* Un cœur découpé indique la nécessité de s'ouvrir à l'amour, à ses sentiments. *Avoir du cœur.* Si l'on vous poignarde au cœur, c'est que vous perdez de l'énergie en vous identifiant trop aux autres, en vous mêlant trop de leurs histoires. *Un épuisement émotionnel.* Plutôt que de vous enfermer dans votre souffrance ou dans celle d'un autre, vous devriez vous poser cette question : quel enseignement positif puis-je tirer de mes expériences pour évoluer ? Voyez la leçon que vous pouvez tirer de la représentation particulière du cœur dans votre rêve.

coffre : un lieu ou un trésor a été déposé ou caché. Les idées, attitudes ou systèmes de croyances qui ne se sont pas encore manifestés.

cognement : faites attention à ce que vous faites. Autre sens : *La chance frappe à la porte.*

coiffeur : la partie de l'être qui concerne l'image de soi, le pouvoir et la force. Voir *cheveux.*

coin : convergence des énergies. Prendre un nouveau cap. Avoir un avantage dans une situation donnée, comme le fait de dominer un marché. Se sentir "coincé", le dos au mur, signifie qu'il est temps maintenant de prendre une décision pour sortir d'une situation bloquée.

colère : frustration, blessure, déception dues à des émotions et à des besoins inexprimés. Vous êtes toujours en colère contre vous-même bien que vous vous en preniez surtout violemment aux autres. Insécurité, peur et schémas de comportement négatifs sont projetés sur les autres lorsqu'on refuse de reconnaître que la source du problème réside en soi. La colère peut être utilisée de manière positive ou négative : soit dans le travail sur soi-même, soit pour éviter d'assumer ses responsabilités en rejetant les torts sur quelqu'un d'autre.

colis : envoyer un colis indique que l'on abandonne une partie de soi-même, qu'on la projette sur quelqu'un d'autre. Recevoir un colis signifie que l'on apprend à connaître une partie inconnue de son être. Voir *cadeau.*

colle : maintenez votre cohésion interne et vous aurez une vision plus claire des choses. *Tenez bon.* Se dévouer à une tâche. Être solide, fort. Perdre son sang-froid revient à disperser son énergie, à perdre le sens de l'objectivité.

collier : l'ornement de la beauté et de la créativité intérieures.

colombe : le symbole mystique de la liberté, de la paix et de l'éveil spirituel. Voir *oiseau.*

colonne vertébrale : un soutien. La partie la plus importante de la structure corporelle. Le fait que votre colonne soit rigide ou souple indique comment vous utilisez l'énergie vitale, la force Divine. La colonne vertébrale abrite la kundalini, les centres nerveux. Elle est la clef de notre bien-être et de notre joie de vivre. Si en rêve vous n'avez plus de colonne vertébrale, c'est que vous n'assumez pas vos responsabilités et ne défendez pas fermement vos propres convictions. Voir *corps, kundalini, serpent.*

combat : indique que l'énergie des second et troisième chakras est refoulée, ce qui entraîne des effets destructeurs. Apprenez à exprimer vos émotions par la parole au lieu de les refouler.

combustible : l'énergie nécessaire au corps. Si vous rêvez de pannes d'essence, c'est que vous êtes en train de perdre toute votre énergie. Prenez le temps de vous arrêter pour "recharger vos accus". Si vous vous trouvez dans une station-service, notez ce qu'indique la jauge d'essence. Voir *énergie* et *électricité.*

comédie : ne vous prenez pas trop au sérieux. N'oubliez pas que tout est conçu pour vous aider à apprendre vos leçons. Déridez-vous ; le rire guérit.

comète : une puissante libération d'énergie qui entraîne une évolution du peuple. Préfigure sa propre évolution, annonce un formidable potentiel créatif, un grand succès. *L'éveil.*

communauté : s'écarter des circuits habituels de la société et conduire sa vie à sa manière. Œuvrer de concert avec d'autres personnes pour réaliser un objectif commun.

commutateur : la maîtrise de son énergie. La façon dont vous maîtrisez votre énergie et vos expériences vécues. Si en rêve vous vous retrouvez dans une maison plongée dans l'obscurité et que vous n'arrivez pas à trouver l'interrupteur, c'est que votre niveau énergétique est au plus bas et qu'il vous faut le relever. *Des événements dont vous n'avez pas actuellement conscience vont bientôt se manifester dans votre vie.*

compétition : des parties de vous-même se disputent une récompense quelconque.

comptable : lorsque l'on est détaché, on peut assumer ses pensées, ses paroles et ses actes. *Le fait d'équilibrer, de donner et de recevoir l'énergie.*

compteur : votre vitesse de croisière. Allez-vous trop vite ou trop lentement ? Notez les nombres qui apparaissent au compteur. Voir *nombres.*

conduire : conduire une voiture signifie que l'on maîtrise bien sa vie. Observez votre façon de conduire ou votre position dans la voiture. Si vous n'êtes pas au volant, essayez de découvrir qui ou quoi dirige votre vie.

conduit : un conducteur d'énergie. Chaque être est une sorte de conduit par lequel s'écoule l'énergie. Représente la faculté d'atteindre des niveaux supérieurs du pouvoir, de relier les aspects conscients et inconscients de son être.

conférence : que vous conduisiez une conférence où que vous y assistiez, le sens de ce symbole est l'enseignement de quelque chose. Écoutez et n'oubliez rien.

confession : le fait de s'ouvrir, de se décharger de son fardeau, de se purifier de toute négativité mentale et émotionnelle. L'absolution des péchés représente la reconnaissance des attitudes et des comportements qui entravent fortement l'évolution. Se pardonner à soi-même est la clef qui permet de vivre pleinement dans le présent. Le besoin de verbaliser, d'exprimer ses soucis et de les partager avec autrui.

confiture : étaler de la confiture indique que l'on ne fait qu'aggraver la confusion.

constipation : le refoulement émotionnel. Le fait de se cramponner à des idées, attitudes et expériences qui ne peuvent plus favoriser une vie harmonieuse et saine.

construction : vous êtes entré dans un processus de reconstruction de votre être authentique.

construire : construire, c'est créer quelque chose de nouveau, c'est donner une plus grande ampleur à un aspect de votre vie.

contraception : une mesure préventive visant à protéger sa santé ou à empêcher des aspects nouveaux de sa personnalité de s'exprimer. Une barrière. Le fait d'étouffer son pouvoir créatif. Selon le contexte du rêve et des sentiments associés, ce symbole peut avoir une connotation positive ou négative.

contravention : une contravention pour excès de vitesse signifie bien sûr que vous allez trop vite et que vous avez besoin de faire une pause pour vous détendre et vous relaxer.

contrefaçon : le fait de s'identifier avec son Moi plutôt qu'avec sa dimension spirituelle. Faire semblant d'être ce que l'on est pas. Faire endosser à quelqu'un d'autre la responsabilité d'une situation que l'on a soi-même créée. *La peur qui étouffe son être authentique.* Voir *masque*, *façade*.

coq : s'il pousse un cocorico, représente un avertissement ou un signal. *L'ego, l'agressivité, la nature masculine.*

coquille : garder ses sentiments par devers soi, rentrer dans sa coquille. Symbolise les émotions rentrés, une évolution impossible en raison de l'inactivité. Une coquille ouverte symbolise un enrichissement au plan affectif. *Refuge, protection.*

cor : cet instrument de musique signifie qu'il faut être attentif et bien observer ce qui est en train de se passer.

coran : les enseignements spirituels. Un message du Moi supérieur.

coraux : la beauté qui surgit des abysses émotionnels.

corbeau : la peur de l'inconnu. La découverte de certains aspects inconnus de votre être. Voir *oiseau.*

corde raide : prudence, prise de conscience. Restez centré et équilibré, sinon *vous êtes bon pour la chute.* Les gens se placent d'eux-mêmes sur une corde raide affective du fait de leur peur, de la pression et des emplois du temps impossibles qu'ils s'imposent. N'est-il pas plus simple de marcher le long d'une belle avenue ?

corde : les forces de la kundalini, ou énergie vitale. Les fils d'une corde représentent l'enchevêtrement des aspects physiques, mentaux et spirituels de son être, lequel se renforce chaque fois que l'on médite. *Un lien vital.* Si vous êtes ligoté par une corde, c'est que vous vous enfermez vous-même dans votre monde. Libérez-vous en réorientant votre énergie vitale vers la pensée créatrice et l'expression positive.

cordon ombilical : symbolise la corde d'argent qui relie le corps et l'esprit. *Le maternage.* On n'est jamais complètement coupé de l'énergie vitale, de la bienveillance et de l'amour Divins. *Le lien avec le cosmos.* Peut également représenter la dépendance envers une personne ou un système de croyances.

corps : votre temple, votre enveloppe terrestre, l'expression de votre être dans le monde spatio-temporel. Un corps d'homme ou de femme représente les aspects masculins ou féminins de votre être tandis qu'un corps d'enfant en représente la partie ludique, intuitive. Le corps est le véhicule qui permet d'apprendre ses leçons sur le plan terrestre, aussi est-il très important de le maintenir vigoureux et en bonne santé. Voir les articles concernant les différentes parties du corps.

corridor : un passage étroit que l'on est obligé de parcourir : il n'y a pas d'autre chemin pour vous. Le fait que le corridor soit éclairé ou au contraire plongé dans l'obscurité indique si vous percevez clairement ou non la nature de votre problématique actuelle. *Le couloir qui mène à l'intuition.*

côte : voir *plage.*

coton : des éléments épars assemblés en un tout harmonieux.

cou : prenez des risques. Symbolise le chakra de la gorge ou troisième chakra. Voir *gorge.*

coucher du soleil : quelque chose qui se termine dans votre vie.

couches, langes : ne vous sentez ni coupable ni triste en vous débarrassant de vieux schémas de comportement.

coudre : réparer, raccommoder, créer quelque chose de nouveau. Relier ensemble et intégrer des idées et des attitudes. Voir également *couture, aiguille, pelote à épingles.*

couette : couverture, protection, cache. *La créativité.* Selon le contexte, peut également signifier *chaleur, repos.*

couleur : la fréquence vibratoire, l'harmonie qui règne au sein de votre champ énergétique. Les couleurs ont différentes fréquences vibratoires, propriétés, et représentent différents niveaux de conscience. Les couleurs que l'on arbore doivent être en harmonie avec son propre champ énergétique.

rouge - énergie
rose - amour
orange - énergie, paix
jaune - paix
vert - guérison, évolution
bleu - spiritualité
turquoise - guérison, spiritualité
indigo - spiritualité, protection divine
violet, pourpre, lavande - sagesse, connaissance, protection divine
gris - peur
noir - inconnu, inconscient
blanc - vérité, pureté
marron - la conscience de l'ici et maintenant
or - la lumière christique, la conscience divine
argent - protection spirituelle, vérité

Certaines couleurs sont également interprétées séparément.

coup : harceler et critiquer, aussi bien les autres que soi-même. La nécessité d'accepter les autres, de s'aimer soi-même et d'exprimer ses besoins et sentiments.

coupe : le cœur spirituel de l'être. Si elle déborde, c'est que vous êtes en harmonie avec l'amour divin ; si elle est vide, c'est que vous avez érigé un mur entre vous et l'énergie d'amour, votre force vitale intérieure.

couple : les deux parties de l'être. Notez si elles sont masculines ou féminines.

cour : une évolution protégée, à l'abri des tempêtes. Un processus d'évolution que l'on peut rapidement conduire et adapter à des besoins nouveaux.

courir : s'éloigner de quelque chose en courant signifie que vous n'êtes ni prêt ni désireux d'affronter un problème. Représente la peur qui nous fait rejeter des aspects de nous-mêmes. Si vous courez au ralenti, c'est que bientôt il vous faudra faire face à votre peur. Pour comprendre ce qu'est cette peur, arrêtez-vous et faites face à votre poursuivant et demandez-lui des éclaircissements. Le fait d'affronter sa peur la fait disparaître et vous soulage du lourd fardeau de cette angoisse qui accable votre conscience. Si vous courez vers quelque chose, c'est que vous désirez ardemment aller de l'avant et infléchir de manière positive le cours de votre évolution. Voir *course.*

couronne, guirlande : célébration de son développement personnel.

couronne : une couronne en or ou sertie de pierres précieuses signifie "louanges" ; continuez ainsi, vous êtes sur la bonne voie. Une couronne d'épines signifie que vos efforts sont louables, mais que vous avez encore beaucoup de pain sur la planche. Efforcez-vous de ne plus jouer les martyrs et étudiez vos leçons avec plus d'attention.

courrier : messages. Voir *lettre.*

cours d'eau (petit) : s'il est à sec, c'est qu'un calme plat caractérise actuellement votre vie affective. S'il y a de l'eau, observez la nature du courant : un courant faible signifie harmonie ; un courant fort indique que vous éprouvez actuellement beaucoup de difficultés.

course : si vous participez à une course, c'est que des aspects de votre être sont en conflit. Unissez tous les aspects de votre être afin de "gagner". Si vous courrez tout seul, prenez des temps de pause tout au long du chemin pour réfléchir à vos expériences et les intégrer.

couteau : un outil puissant qui peut être utilisé de manière créative comme de manière destructrice. Symbolise le fait de couper des parties inutiles de son être, comme un arbre que l'on élague. Si vous vous coupez avec un couteau, c'est sans doute l'annonce d'une prochaine ablation chirurgicale, ou bien de l'ablation de parties de vous-même qui sont encore nécessaires à votre évolution. Être poursuivi ou poursuivre quelqu'un avec un couteau représente la peur, l'agression ou la perte d'énergie. Si vous saignez, voir *sang*, *tuer*.

couture : le fait de relier différents éléments entre eux. L'unité. Autre sens : *vos nerfs ont craqué*. Voir également *coudre*, *aiguille*.

couvent : retraite ou rassemblement spirituels. Le besoin de se tourner vers l'intérieur, d'explorer ses aspects féminins et d'intégrer les expériences vécues avant d'aborder de nouvelles leçons. Refuser de se voir tel que l'on est, refuser d'évoluer, ou manquer sa vocation. S'efforcer de découvrir la partie spirituelle de son être en se privant de la compréhension qu'apportent les nombreuses et diverses expériences de la vie. Refuser l'évolution spirituelle qui découle de l'action. Voir *monastère*.

couverture : selon le contexte, une protection ou le refus de se voir tel que l'on est ou de voir les autres tels qu'ils sont.

cow-boy (cowgirl) : une personne aimant la vie en plein air. Un homme ou une femme qui maîtrisent leurs instincts animaux, qui les "prennent au lasso" et les "renferment dans un corral". *Domestiquer sa force et ses pouvoirs*.

crabe : représente la nécessité, pour aller de l'avant ou pour résoudre un problème, d'agir de manière indirecte ; ou bien indique que vous vous déplacez en crabe plutôt que d'aller droit devant vous. Signale que vous êtes actuellement d'humeur revêche.

crachat : se décharger de sentiments hostiles et négatifs.

craie : les outils qui permettent de s'affirmer. Notez la couleur du symbole et vérifiez-en le sens à l'article *couleur.*

cratère : un vieux souvenir d'une expérience "volcanique". Une ouverture sur l'inconscient.

crèche : un aspect "flambant neuf" de votre être vient de naître et a maintenant besoin d'amour et de maternage.

crème (fraîche, de beauté) : richesse, opportunité ; maternage. S'il s'agit d'une crème de beauté, symbolise les soins et la protection du corps.

crème glacée : un plaisir que l'on s'offre. Vous avez fait du bon travail. Voir *bonbon.*

crépuscule : la fin d'une relation, d'une situation ou d'une expérience.

crête : la crête d'une vague symbolise une période de détente au niveau émotionnel, ou bien le sentiment de tout maîtriser.

cri : soyez attentif. Faites-vous remarquer, demandez de l'aide.

cric : assure un meilleur équilibre et un voyage plus confortable. *Se remonter le moral.*

criminel : se mentir à soi-même et limiter ainsi son potentiel. Établir ses propres règles sous l'influence de la peur au lieu de puiser à sa source intérieure de guidance et d'harmonie créatrice.

criquet : des formes de pensées négatives qui rongent votre harmonie interne. Le fait d'entraver son évolution à travers les commérages, la négativité. Vous devez changer votre manière d'être et porter une attention bienveillante sur vous-même et sur autrui.

cristal : conducteur et réservoir d'énergie.

critique : autodiscipline. Une discipline personnelle trop rigoureuse peut entraver le développement harmonieux de sa personnalité en raison d'une crainte des critiques ou de la peur de faire des erreurs. La conscience et la sagesse limitées de l'humanité n'autorisent personne à se juger et à juger les autres.

crochet : être "accroché" à quelque chose qui peut aussi bien s'avérer positif que négatif. Un hameçon indique le besoin de nourritures spirituelles. Un crochet pour suspendre quelque chose indique une bonne organisation.

croisière : un voyage affectif. Ce navire imposant indique que votre vie affective s'écoule comme un long fleuve tranquille.

croix : à l'origine le symbole mystique de l'homme signifiant l'équilibre parfait. Le point d'intersection était au centre et représentait le chakra du cœur ouvert avec trois chakras au-dessus et trois chakras en dessous.

crucifixion : une punition imméritée. Un manque d'amour de soi engendre le besoin de mettre son âme à nu et de se "crucifier" soi-même. "Souffrir pour le Seigneur" est un schéma de comportement tragique ; la vie est déjà assez difficile comme ça, inutile d'en rajouter. Les seules choses à "crucifier" ou à éliminer sont la négativité et les limitations que l'on s'impose.

cuillère : un instrument pour se nourrir, mais une cuillerée ne suffira pas à votre subsistance. Autre sens : *vous êtes né avec une cuiller d'argent dans la bouche* (vous avez de la chance). *Un niveau élevé d'énergie, une protection, l'abondance.*

cuir chevelu : dans un registre humoristique, symbolise une "tête d'œuf" (un intellectuel coupé des réalités). Masser le cuir chevelu stimule les centres nerveux tout en ayant un effet relaxant.

cuir : dureté, force. *Les forces instinctuelles.*

cuisinier : le fait d'assembler les nombreux ingrédients de votre vie. Observez ce que vous êtes en train de faire et comment vous le faites. Si quelque chose est en train de brûler, c'est que vous êtes trop stressé pendant votre travail. Symbolise également le fait de passer aux actes avec esprit de décision et beaucoup d'idées. Autre sens : *un spécialiste des "salades".*

cuivre (jaune) : polissez votre Moi profond afin qu'il brille toujours d'un vif éclat.

cuivre (rouge) : un conducteur de chaleur. *Énergie, force vitale, beauté, force, souplesse, santé.*

culte : symbolise un groupe de personnes ou des parties de soi-même qui adoptent des systèmes de croyances sans se poser de questions, ou bien le fait de manquer des occasions favorables en faisant siennes les vérités de quelqu'un d'autre. Au bout du compte, il faut dépasser tous les systèmes de pensée. *Osez être vous-même.*

culte (rendre un) : reconnaître les niveaux supérieurs de la conscience. Honorer le Divin en soi. Autre sens : *se couper de son Moi Divin, s'intéresser à quelque chose ou à quelqu'un d'extérieur à soi.* On peut vouer un culte à de nombreuses choses : c'est le signe d'une conscience fragmentée. Seule la vérité intérieure vous permettra d'atteindre la plénitude et la complétude.

cupidon : vos relations amoureuses se développent harmonieusement. *Le fait de prendre un risque.* Un bon symbole, suffisamment explicite.

cure-dents : symbolise votre incapacité à verbaliser vos émotions, qui restent coincées dans votre bouche. Vous devez communiquer avec amour et humour.

cygne : beauté, grâce, pureté. La faculté de glisser sur les eaux émotionnelles et de s'envoler vers de nouveaux sommets. *Perception, liberté, paix de l'âme.* La maîtrise de ses émotions. Un cygne noir symbolise le mystère de l'inconnu : il attire, mais on ne le comprend pas.

D

danger : restez sur vos gardes. Symbolise le sentiment d'un changement imminent et nimbé de mystère. De nouveaux aspects de l'être, jusqu'à lors inconnus, se manifestent au grand jour, suscitant un sentiment de crainte.

danse : gaieté, enjouement, bonheur, joie. *La danse de la vie.* Symbolise également les atermoiements, l'incapacité à aborder de front un problème.

dard, aiguillon : des petits riens qui vous enquiquinent, comme un insecte qui vous pique. Des remarques blessantes, des pensées offensantes. Débarrassez-vous de tous ces petites choses qui minent votre existence.

dauphin : une partie de vous-même puissante, folâtre, belle et attendrissante. Si nous pouvions apprendre à jouer dans les eaux émotionnelles de la vie, nous ne craindrions jamais les contacts et l'amour.

découverte : un élargissement de sa conscience.

défaite : elle survient lorsque l'on a pris le mauvais chemin, celui qui dessert ses propres intérêts. Si une porte se ferme devant vous, c'est pour que vous en recherchiez une autre, plus prometteuse. La défaite ou l'échec n'existent pas, il n'y a que des occasions d'apprendre et d'évoluer. Efforcez-vous de tirer un enseignement positif de chaque expérience vécue, puis poursuivez votre route.

défaut : une imperfection ou un schéma de comportement destructeur à l'intérieur de soi, comparable à un défaut de fabrication, à un vice de forme. Vous devez modifier votre conduite.

défécation : purification, nettoyage, détachement : tout cela est nécessaire pour maintenir son équilibre, son bien-être. *Se débarrasser des pensées, expériences et idées inutiles.*

défilé : de nombreux aspects du Moi. Vous en interprétez certains, et d'autres ne sont que des fantasmes. Symbolise tout ce que vous créez.

démangeaison : le refoulement, la nécessité de verbaliser davantage ses émotions.

déménagement : transformer de fond en comble son être intérieur. Les rêves de déménagement symbolisent l'évolution et les actes qui feront de vous un être complet. Conservez les meubles (attitudes, idées, croyances) que vous appréciez et débarrassez-vous de tout ce qui est inutile et dépassé.

démon : voir *diable*.

dentiste : exprimez-vous plus clairement. Symbolise la peur de souffrir et de perdre le contrôle de soi.

dents : pulvériser, broyer quelque chose en petits morceaux afin de pouvoir le digérer. Le début du processus de compréhension. La force, la volonté. *Ayez la dent un peu plus dure*. Symbolise la discussion, le besoin de verbaliser ses émotions. Si vos dents tombent, c'est que vous êtes incapable de comprendre un problème ou une situation. *Quelque chose est trop difficile à avaler pour vous.*

dépression : énergie faible. Être incapable de déceler les relations de cause à effet, ne pas savoir comment se remettre d'aplomb. Méditez et ayez l'esprit clair.

dérive (à la) : symbolise le manque d'objectifs, de buts, de raisons d'être. Le corps émotionnel a besoin de s'ancrer, d'aimer et de prendre le bon cap. Méditez pour retrouver de l'énergie. Trouvez le bon cap et prenez-vous en charge.

dés : votre projet actuel n'est en fait qu'un jeu de hasard, aussi pensez bien aux conséquences avant d'agir. Examinez le contexte du rêve pour comprendre la nature de vos sentiments.

désastre : un changement soudain et rapide bouleverse votre vie. Voir les articles concernant les différentes catastrophes pour comprendre la nature du changement en cause : *blizzard, inondation, tremblement de terre*, etc.

désert : stagnation, absence d'évolution. Il est grand temps de prendre votre destin en mains.

dessert : se faire plaisir. Tout un chacun a droit à des moments de plaisir et de fête dans sa vie.

détachement (militaire) : toutes les parties fortes et pleines d'assurance de votre être s'unissent pour réaliser un objectif.

détective : à la recherche de réponses et d'intuitions profondes.

détritus : désorganisation, idées confuses, incertitudes. *Un esprit embrouillé.* Fixez vos priorités, organisez-vous, méditez. Voir *poubelle.*

dette : vous récoltez ce que vous avez semé, que votre karma vous semble facile ou difficile. *Quelque chose que vous devez ou que l'on vous doit.*

deuil : l'incapacité à se détacher de gens, d'expériences ou de croyances pour faire place au nouveau. *Une transition.* Ouvrez votre cœur afin que l'on vous montre une voie nouvelle.

diable : la partie inférieure et ignorante de votre être qui veut vous empêcher de prendre vos responsabilités, qui vous pousse à vous en prendre aux autres, à temporiser, et qui vous incite à vous morfondre dans des pensées et des actions négatives.

diamant : les nombreuses facettes d'une âme pure. Tout enseignement tiré de l'expérience vécue, en particulier après chaque cycle septénaire, vous permet de polir une autre facette de votre être.

diarrhée : une décharge incontrôlable et anormale de pensées négatives ou de peurs. N'ayant pas d'autre choix, il faut maintenant expulser les déchets dont on refusait jusqu'ici de se débarrasser.

dictionnaire : la quête du savoir ; la compréhension des processus mentaux.

Dieu : *l'Amour, la Lumière, la Vérité, le Pouvoir Créateur. La Sagesse, l'Un, l'Infini. Le Moi supérieur, le Maître des Maîtres présent en toute chose et en tout être. L'amour et l'acceptation inconditionnels, le pouvoir de manifester toute chose, tous les êtres, tous les univers.*

différer (quelque chose) : symbolise des restrictions que l'on s'impose à soi-même, ou bien indique que le moment n'est pas bien choisi pour aller de l'avant. Symbolise également la peur de faire de mauvais choix. Faites confiance à votre guide intérieur et poursuivez votre route.

difformité : symbolise des parties de vous-même que vous avez négligées ou que vous n'avez pas laissées s'exprimer pleinement. *La peur de grandir et d'évoluer.*

diligence : représente une partie de vous-même extravertie et amusante.

dimanche : repos, harmonie, rajeunissement spirituel. Symbolise le nombre 1- premier jour de la semaine (dans la Bible). Voir *nombres.*

dinde : représente d'ordinaire les attitudes stupides, les manières d'agir peu judicieuses, le fait d'être ballotté par les événements, l'incapacité à faire preuve de jugement. Représente également un festin, une célébration, des louanges, comme lors de la fête de *Thanksgiving.*

dinosaure : une partie ancienne de soi-même ; elle peut être utilisée de manière créative ou destructricc.

diplôme : initiation, obtention d'un diplôme, travail bien fait.

directeur : votre maître ou votre Moi supérieur vous montre la voie.

disciple : nous sommes tous des étudiants de la vie et des disciples, nous sommes tous en apprentissage. Un apôtre en particulier représente un guide ou un maître avancé.

discours : si vous prononcez ou écoutez un discours, c'est que l'on vous transmet un message ou un enseignement qui vous aidera dans votre vie. *Verbalisation, communication.* Exprimez ce que vous avez en vous.

dispute : la lutte fait rage entre différentes parties de vous-même : *paradoxes, conflits, confusion.* Le mental se dispute avec l'intuition. *Se cramponner à de vieux schémas de pensée dont il faudrait en réalité se débarrasser afin de progresser et de favoriser une évolution intérieure harmonieuse.* L'esprit de résolution trouve sa source dans l'équilibre interne, dans la méditation et dans l'inspiration puisée aux niveaux supérieurs de conscience et de compréhension.

disque : vous repassez sans cesse les mêmes vieilles rengaines, vous n'arrivez pas à sortir de vos vieux schémas de comportement et vous tournez en rond. Vous ne faites aucun progrès, on dirait un disque rayé. Passez en revue vos activités quotidiennes, méditez et élevez votre conscience pour être en mesure d'écouter votre musique intérieure.

divan : s'il s'agit du divan du psychanalyste, représente le besoin de se connaître, d'analyser minutieusement ses schémas de comportement et ses croyances à un niveau plus profond. Le divan de votre salon symbolise quelque chose qui se répète dans votre vie quotidienne ; notez la couleur, la taille et la forme du divan.

divorce : fendre quelque chose en deux ; se défaire d'une partie de son être désormais néfaste à son évolution. *L'entendement et le lâcher-prise sont la clef d'un nouveau départ.*

doigt : indique la direction que vous devez suivre. Met en évidence un problème. Pointer un doigt accusateur sur quelqu'un signifie qu'en réalité, c'est vous le responsable. *Assumez vos responsabilités.*

domestique : prenez davantage soin de vous-même ainsi que de votre environnement. Le fait de trop dépendre des autres pour la satisfaction de ses besoins indique qu'il faut à tout prix retrouver son indépendance et résoudre soi-même ses problèmes. *Ne soyez pas dépendant.* Symbolise également la nécessité d'une remise en cause générale de ses attitudes personnelles et de sa vie quotidienne.

dos : le dos est le siège de la colonne vertébrale, par où passe les forces de la kundalini (l'énergie vitale). Indique l'état de votre dos - droit, courbé, faible ou fort - et signale la façon dont vous canalisez l'énergie spirituelle dans votre vie quotidienne. Représente les diverses attitudes dans une situation donnée - lâcheté, faiblesse, abattement ou au contraire force de caractère. Signale également quelque chose que vous avez maintenant laissé derrière vous ou une partie de vous-même que vous avez rejetée. Peut signifier un renfort (militaire, etc).

douche : un nettoyage émotionnel. Remettez de l'ordre dans votre vie. Videz toute votre négativité par le tuyau d'évacuation.

douleur : le refoulement, la fuite devant un problème. Un déséquilibre aux plans physique, mental, affectif ou spirituel. Notez la région du corps où se manifeste la douleur ainsi que le chakra correspondant pour déterminer le problème sous-jacent. Voir *maladie*.

douves : être bloqué au plan affectif, se défendre contre les autres.

dragon : les forces de la kundalini. Le feu du dragon purifie les pensées négatives et dissipe les illusions. Tuer le dragon signifie que l'on fait face à ses peurs et qu'on les élimine, ce qui permet d'atteindre un niveau de conscience supérieur.

drapeau : célébration des changements.

draps : réceptivité, ouverture d'esprit, sensibilité, féminité. Symbolise l'exploration de la sexualité, de l'inconscient. Des draps de lit propres représentent un nouveau départ : vous vous êtes débarrassé de toute la négativité qui vous habitait. Dormir dans les draps sales d'une autre personne indique que l'on se charge inutilement du fardeau des schémas de comportement de quelqu'un d'autre. Notez les couleurs des draps. Voir *lit*.

dresser une carte : tracez un itinéraire sur la carte de votre vie. *Prévoir, créer.*

drogue : au sens positif (un médicament), représente un moyen d'équilibrer ou de rééquilibrer le corps. Sinon, symbolise la fuite devant les réalités de la vie, le fait de se retrancher du monde extérieur, de rechercher des réponses à l'extérieur plutôt qu'à l'intérieur de soi-même. *Rechercher l'illumination par des moyens artificiels.*

droit, avocat : le guide intérieur, un enseignant, le Moi supérieur. *Si vous le demandez, on vous viendra en aide.*

droite : le côté droit de quelque chose indique le don, la créativité, l'intuition, la conscience du Divin. Indique également que l'on est dans la bonne direction, que l'on a fait les bons choix.

dynamite : prudence, danger. Examinez minutieusement tout ce que vous avez refoulé. Ouvrez-vous, il est temps d'assumer et de verbaliser vos émotions et vos peurs. Recherchez de l'aide si nécessaire.

E

eau : l'énergie émotionnelle. Votre condition affective est symbolisée par l'état de l'eau : claire, boueuse, calme ou agitée.

eau (sous l'): plonger dans les abysses émotionnels inconnus pour mieux se comprendre. Une symbolique très positive.

éboulement : tout vous tombe sur la tête d'un seul coup ; ou bien vous vous sentez le dos au mur ; ou encore vous vous imposez de trop lourdes tâches. Vous risquez une surcharge affective, faites une pause et prenez soin de vous. Voir *avalanche*.

ébullition : le "poison" qui surgit du dedans. Les émotions refoulées qui remontent à la surface et qui vous égarent. Voir *ampoule*. L'eau bouillante - ou tout autre liquide en ébullition - met les choses en mouvement et constitue un milieu purificateur. Si l'eau déborde de la casserole, c'est qu'il y a en vous trop d'énergie négative, des émotions trop fortes ou de la colère. *Déséquilibre.*

écharde : un irritant, une épine dans la peau. Symbolise des attitudes ou des habitudes négatives et gênantes.

échecs : le jeu de la vie. Les complexités de la compétition, de la défaite et de la victoire. *Vous compliquez trop les choses.*

échelle : le processus qui permet de s'élever progressivement à une conscience supérieure. Un moyen d'atteindre de nouveaux sommets. Si vous descendez, c'est que vous avez pris la mauvaise direction.

échos : un effet boomerang. *A la rencontre de soi-même.* Ce que vous envoyez vers l'extérieur vous reviendra inéluctablement. *Le karma.* Symbolise également le vide.

éclairs : une énergie puissante. L'éveil des forces de la kundalini (ou énergie vitale).

école : la vie est une école. Vous n'êtes sur terre que pour apprendre et évoluer. Toute personne, toute situation a quelque chose à vous apprendre. Faites preuve d'enthousiasme car, de toute façon, il vous faudra faire cet apprentissage. Tant que vous n'aurez pas appris votre leçon, vous ne pourrez passer à la suivante, aussi avez-vous intérêt à vous mettre au travail dès maintenant. Chaque nuit, vous sortez de votre corps et recevez un enseignement dans les écoles de niveau supérieur. Chaque plan de conscience vous enseigne quelque chose sur la nature de votre être.

écrire : communication, expression de soi-même.

écueil : une entrave à votre évolution ; prudence. Symbolise également une protection lorsque l'on s'aventure dans les eaux émotionnelles.

écureuil : toutes les ressources dont vous avez besoin sont stockées bien à l'abri ; vous le savez, alors n'hésitez pas à les utiliser. Symbolise quelqu'un qui ne jette jamais rien, qui fait des provisions pour assurer son futur. *Un homme d'action ou un homme qui fait des projets d'avenir.*

écurie : se protéger grâce à son propre pouvoir intérieur. Voir *cheval.*

effondrement : signale un effondrement au niveau physique, mental, affectif ou spirituel. Prenez garde et réparez ou changez tout ce qui doit l'être.

église : peut représenter une expression extérieure de la spiritualité plutôt que l'évolution harmonieuse au sein de son propre temple intérieur. Jésus, qui n'a jamais disposé d'une église, prêchait parmi le peuple. Symbolise également le sens intime de la vénération du Divin et le besoin d'éveiller sa conscience lorsqu'on reconnaît l'existence d'une Puissance Supérieure.

égouts : de vieilles idées et attitudes dont il faudrait se débarrasser. Des systèmes de croyances désormais inutiles dont il faut se défaire. Voir également *fèces*, *toilettes*, *uriner*.

électricité : l'énergie vitale. La vitesse ou la fréquence vibratoires. Vous êtes vous-même un être électrique. *L'énergie nécessaire pour évoluer et avoir les idées claires.* Voir *énergie*.

éléphant : quelque chose de puissant en vous qui peut également se montrer doux, utile ou au contraire destructeur. Toutefois l'éléphant n'est destructeur que lorsqu'il est effrayé, aussi, si dans votre rêve il semble en colère, faites l'effort de regarder vos peurs en face. Par ailleurs, n'oubliez jamais les enseignements positifs que vous avez tirés de vos expériences et oubliez leurs aspects négatifs. Vous n'êtes pas obligé de vous souvenir de toutes vos expériences, même si l'éléphant, lui, n'oublie jamais rien.

elfe : les aspects amusants et espiègles de sa personnalité dont on a besoin pour se distraire et s'amuser.

embouteillage : le fait d'être prisonnier de la confusion, de porter des œillères, de ne pas voir les pièges. La reconnaissance de son pouvoir, la responsabilité, l'autodiscipline nécessaires pour se remettre d'aplomb et sortir de ce "pétrin".

émeraude : la partie belle, majestueuse et curative de l'être. *Durabilité, force.*

emploi du temps : des restrictions qui entravent votre liberté d'agir. L'important n'est pas d'aller vite mais d'arriver à bon port. Le refus de faire les bons choix ou de se conformer aux meilleurs horaires cosmiques de l'évolution personnelle. La réalisation de vos objectifs est chose importante sauf si elle vous empêche d'apprendre vos leçons.

enceinte : quelque chose de nouveau est en train de venir au monde : une nouvelle direction donnée à sa vie, une idée, un projet ou un niveau de conscience supérieur. Si, à l'état vigile, vous souhaitez vraiment être enceinte, il s'agit alors peut-être d'un message de votre Moi profond vous annonçant que vous avez conçu un enfant.

encens : la douceur. La prise de conscience du lien unissant le Moi profond et la réalité extérieure.

enchevêtrement : symbolise un manque de clarté concernant un problème, les idées confuses, les attitudes incohérentes. Sachez distinguer vos vrais problèmes. Concentrez-vous, méditez, creusez-vous les méninges ! Voir *labyrinthe*.

encre : les instruments de l'expression créatrice. Voir *tâche*.

énergie : nous vivons, évoluons et existons dans un océan d'énergie cosmique. Nos champs énergétiques, à travers nos pensées, nos paroles et nos actes, sont constamment dans un état d'expansion ou de contraction. Le plan physique, le plan mental et le plan spirituel de l'être constituent en réalité des vibrations énergétiques différentes. L'énergie est la substance de nos corps et le combustible dont ceux-ci ont besoin pour se développer. L'énergie est la clef de la guérison, de l'intuition, de la perception et de la conscience spirituelle. La pratique de la méditation recharge le champ énergétique, maintient sa puissance et son état d'expansion.

enfants : symbolise des aspects de soi tels que la vulnérabilité, l'innocence, la franchise, la souplesse et l'espièglerie. Le comportement de vos propres enfants reflète vos attitudes et vos croyances. Ce symbole indique souvent que l'on a oublié l'enfant qui sommeille en soi.

enfer : les difficultés que l'on traverse. Les différentes représentations infernales indiquent la nature des problèmes. *Les peurs qu'il faut assumer et dépasser*. Vous créez vous-même votre propre paradis ou enfer, ici et maintenant. Voir *feu*.

enfoncer (s'): Si en rêve vous vous enfoncez dans quelque chose, c'est que vous êtes en train de vous enlisez dans la fange de vos problèmes affectifs. Vous devez impérativement procéder à des changements. Vous allez dans la mauvaise direction. *Débarrassez-vous des fardeaux inutiles*.

engourdissement : la peur qui vous coupe de vos émotions. Interrogez-vous sur cette peur qui vous entrave.

engrais : indique la nécessité d'une méditation plus soutenue ou d'une nourriture spirituelle plus abondante pour poursuivre son évolution. Une terre fertilisée signale que vous aurez dorénavant des intuitions profondes, que vous êtes prêt à aborder une période d'apprentissage et d'épanouissement personnel.

ennemi : les aspects inconnus de son être, ceux que l'on craint parce que l'on ne les comprend pas. *Partir en guerre contre soi-*

même. Aidez et aimez toutes les parties de votre être et vos plus grandes faiblesses deviendront vos plus grandes forces. Voir *peur*.

enseignant : celui qui vous montre la voie. Tous les êtres vous enseignent comment faire ou ne pas faire quelque chose. Écoutez attentivement votre maître intérieur afin de vous rendre la vie plus facile. C'est votre propre réceptivité qui vous éveillera à la connaissance ; bien que chacun de nous soit un enseignant, et que certains maîtres nous apportent beaucoup plus que d'autres tout au long de notre chemin, n'oubliez pas que vous êtes votre meilleur gourou.

entaille : selon le contexte, peut indiquer que l'on est en train de se débarrasser de vieilles croyances et attitudes ou d'anciens schémas de comportement qui n'ont plus leur raison d'être. Si du sang s'écoule d'une coupure, c'est que vous êtes en train de perdre votre énergie. Voir *ciseaux*, *couteau*.

enterrement : la disparition d'émotions et d'attitudes anciennes, désormais inutiles à votre évolution. La disparition de la peur et du sentiment d'insécurité. Symbolise également la peur de la vie, l'enterrement de la joie de vivre, des émotions et de la sensibilité. Voir *mort*.

entrailles : les sentiments profonds ou occultés. Représente le cœur d'une situation et la compréhension profonde des choses. Symbolise le processus qui permet de se libérer des expériences et des concepts passés, désormais inutiles.

entrepôt : le magasin intérieur où vous entreposez les idées et les talents dont vous ne faites pas grand usage. Un formidable potentiel : tout ce dont vous avez besoin, tout ce que vous désirez se trouve là.

enveloppe : revêtement ou récipient. Annonciateur de lettres ou de messages. Voir *lettre*.

épaule : force, pouvoir. Avoir les épaules assez larges pour porter seul le poids de ses responsabilités. Symbolise l'agression, le fait d'écarter quelqu'un d'un coup d'épaule, de se frayer un chemin. Voir *corps*.

épave : une énergie éparpillée, un manque de lucidité. S'il s'agit d'un véhicule, c'est le signe d'un arrêt brusque dans le déroulement de votre plan de vie ; nul besoin de se compliquer la vie pour parvenir à son but. Une voiture représente l'énergie physique ; un bateau, l'énergie émotionnelle ; un avion, l'énergie créative et spirituelle. Vous sabotez la réalisation de vos objectifs. Méditez, trouvez votre raison d'être et agissez en conséquence.

épée : vérité, pouvoir. Le symbole karmique de l'épée à double tranchant : *vous récolterez ce que vous avez semé.* Honneur, protection, recherche de la vérité. Symbolise également les destructions, le combat. Voir *couteau.*

épilepsie : un refoulement émotionnel. Voir *explosion.*

éponge : tout absorber, aussi bien les énergies positives que négatives. Ne pas maîtriser sa vie. Le fait de s'impliquer dans les problèmes de tous ceux que l'on rencontre. Symbolise également l'intégration des connaissances ou bien une personne très réceptive qui a cependant besoin de faire la part des choses, de bien mesurer ce qu'elle "absorbe". *Prendre l'énergie d'autrui plutôt que de générer sa propre énergie.*

épouse : la partie féminine de l'être. Voir *féminin.*

épouvantail : une apparence trompeuse, un faux-semblant, la peur de son Moi profond et des autres. S'il s'agit du personnage du Magicien d'Oz, c'est le signe que vous n'avez pas vraiment confiance dans vos capacités intellectuelles. Recherchez en vous-même vos propres forces et capacités.

équipe : toutes les parties de votre être doivent œuvrer de concert pour que vous puissiez sortir vainqueur du grand jeu de la vie.

ermite : une énergie faible. Le retrait. Le besoin d'être seul, d'élever son niveau d'énergie. Le fait de sortir des schémas de comportement réducteurs.

érotisme : le désir de stimulation. Les fantasmes, les rêves éveillés. Symbolise l'accroissement de l'énergie dans le chakra de la sexualité, ainsi qu'une libido active. Portez davantage d'attention aux besoins et aux exigences du corps.

escalier mécanique : un moyen de voyager rapidement et facilement et qui vous indique si vous allez dans la bonne direction, si vous faites les meilleurs choix. Si vous montez, c'est que vous êtes dans la bonne direction. Si vous descendez, c'est que vous avez choisi le mauvais chemin.

escalier : la direction que l'on donne à sa vie. Notez l'état de l'escalier, s'il est branlant ou solide, etc. Si vous montez, c'est que vous êtes dans la bonne direction ; si vous descendez, c'est que vous avez pris la mauvaise direction. Si vous montez et descendez sans cesse les escaliers, c'est que vous avez besoin d'éclaircir vos idées. Décidez-vous et prenez votre destin en main.

escargot : avancer à la vitesse d'un escargot. Symbolise des progrès pour le moins laborieux au niveau de son évolution et de son apprentissage. Sortez de votre coquille et passez aux actes.

esclave : ne rien maîtriser, ne pas assumer sa propre vie, abandonner son pouvoir aux autres. On peut être l'esclave de ses croyances, de ses habitudes, de ses idéaux, des réactions d'autrui. Voir *toxicomane.*

escroc : tenter d'abuser d'une situation au lieu d'être honnête avec soi-même. *Celui qui se vole lui-même et sape son propre potentiel.* Voir *criminel.*

espion : un intrus. Quelqu'un qui gaspille son énergie à observer la vie d'autrui au lieu de prendre son destin en main. Symbolise la peur de la réaction des autres à ses idées, à ses projets. *Un observateur plutôt qu'un homme d'action.*

estomac : le baromètre de vos émotions. La façon dont vous digérez vos expériences vécues. Voir *corps.*

étai : un outil pour mieux se comprendre. Quelque chose qui nous assiste tout au long de notre chemin. Symbolise tout ce qui soutient. Les étais sont des sortes de béquilles temporaires dont on pourra se débarrasser grâce à l'éveil spirituel.

étang : un reflet de l'affectivité moins révélateur qu'un lac ou qu'un océan du fait de ses dimensions réduites. Symbolise la quiétude, un endroit qui n'est pas particulièrement balayé par les vents du changement. Voir *lac, eau.*

étau : être oppresser jusqu'au point de rupture. Examinez minutieusement les situations de grand stress dans votre vie et détendez-vous. *L'étau se resserre.*

été : jeu, évolution, détente. La liberté de mouvement, l'expansion. Voir *saison.*

éternuement : nettoyage, libération des émotions refoulées.

étiquette : marquer au fer rouge ou cataloguer quelque chose. Indique que l'on regarde le monde de manière fragmentaire plutôt que globale. Efforcez-vous de trouver la raison profonde de la présence dans le rêve des personnages, choses et idées qui y figurent.

étoffe : les matériaux de base pour construire votre vie. Notez la couleur de l'étoffe.

étoile : symbolise la lumière, l'orientation donnée à sa vie, la guidance, la connaissance - notamment l'enrichissement de ses connaissances spirituelles -, la vision spirituelle du monde, une énergie puissante. L'étoile vous donne la clarté et le niveau énergétique requis pour réaliser vos objectifs. Elle représente votre propre lumière intérieure qui brille dans l'obscurité, car vous êtes fait de lumière et d'énergie. *La vérité de votre être.*

étranger : un aspect de vous-même qui ne vous est pas encore familier.

étranglement, étouffement : le blocage des forces de la kundalini dans la gorge (le cinquième chakra), généralement en raison d'une difficulté à verbaliser ses états d'âme. S'étrangler en mangeant indique une incapacité à "digérer" ou à accepter certaines expériences et certaines idées.

étreinte : réconfort. *S'aimer et prendre soin de soi-même.* Guérison.

étroitesse : un chemin étroit. Des options en nombre limité. Peut symboliser un raccourci sur le chemin de la réussite, un raccourci qui exige de la discipline.

eunuque : symbolise la confusion sur son identité sexuelle ou bien le refoulement de ses désirs sexuels. Voir *castration.*

éventail, ventilateur : la circulation de l'air symbolise un changement imminent dans votre vie. Si un visage est caché derrière un éventail, c'est que vous cachez quelque chose, que vous manquez de confiance en vous-même.

évier : l'évier de votre cuisine symbolise le lavage, le nettoyage. Votre façon d'aborder les problèmes est trop générale et vous n'en tirez pas les enseignements, pourtant évidents.

excréments : vos propres déchets, vos croyances inutiles. Rejetez-les.

excursion : introspection. La découverte de nouveaux aspects de soi-même à travers les expériences vécues. *Le déroulement de la vie de la naissance à la mort.*

exercice : intégration du corps, de l'esprit et de l'âme. La nécessité de développer et de concentrer les énergies physiques. *Relaxation, concentration.* Sortez de votre intellect et faites de l'exercice.

exil : se couper de toute vie sociale. *Une énergie très basse.*

ex-mari, ex-femme : l'homme symbolise la partie forte et dominatrice de l'être. La femme représente l'aspect intuitif et créatif de l'être. Quelles que soient les qualités, les caractéristiques et les leçons que vous associez avec cette personne, vous pourrez toujours en apprendre davantage sur elle. Soyez attentif au contenu du rêve.

expérience : il y a toujours une solution de remplacement dans la vie ; examinez de nouveaux concepts ou de nouvelles idées, ouvrez-vous à de nouvelles opportunités. Essayez quelque chose de différent. Autre sens : *vous prenez actuellement un risque.*

expert : un enseignant. Une personne de grande expérience, bien formé et qui peut offrir son aide. Une partie de vous-même à laquelle vous pouvez faire appel pour résoudre vos problèmes.

explosion : une décharge soudaine d'émotions négatives refoulées ; il est important de gérer vos sentiments de manière constructive. Examinez vos blessures et effectuez les changements nécessaires. Exprimez et libérez vos émotions quotidiennement pour éviter leur accumulation.

extraction : se sortir d'une situation. S'il s'agit d'une extraction dentaire, c'est que l'on est en train de se débarrasser d'une partie malsaine de son être afin de retrouver l'harmonie intérieure.

F

façade : le refus de se voir tel que l'on est. Le masque que vous adoptez vis-à-vis du monde extérieur. Le fait de s'identifier aux valeurs du monde extérieur plutôt que de compter sur ses propres ressources.

facture : les dettes karmiques - *on récolte ce que l'on a semé.*

faiblesse : le fait d'abandonner son pouvoir aux autres. Le refus de reconnaître son propre potentiel et sa valeur personnelle.

faim : les désirs occultés ; le besoin de méditation et de nourritures spirituelles.

falaise : vous arrivez à un tournant de votre vie qui appelle des changements radicaux. Si l'on vous précipite du haut d'une falaise ou si vous sautez dans le vide, c'est qu'il vous est demandé de prendre une décision, d'aller de l'avant et de vous aventurer en territoire inconnu. Tomber d'une falaise peut également signifier la perte du contrôle de soi. *Ne vous mettez pas vous-même dans une situation inextricable.*

famille : l'intégration de rôles ou d'aspects de son être. En règle générale, tout personnage présent dans le rêve est une représentation de vous-même, bien qu'il puisse aussi vous montrer la dynamique de la relation que vous entretenez avec tel ou tel membre de votre famille.

fantôme : représente une partie de vous-même que vous ne comprenez pas. Si un défunt apparaît sous la forme d'un fantôme, c'est sans doute qu'il est dans l'incapacité de communiquer avec vous clairement, ou bien que certains sentiments que vous éprouvez envers cette personne ne sont pas encore assez ancrés. Nous sommes tous des esprits, que nous soyons incarnés ou non, mais un fantôme indique en règle générale une perception confuse des choses. Dans un registre humoristique ce symbole signifie "*Se battre contre des fantômes*".

faucon : observer et percevoir les choses d'une haute altitude. *La puissance, l'élévation spirituelle.*

fausse couche : le fait d'abandonner un projet ou une idée parce qu'ils ne constituent pas la meilleure solution. Symbolise également la destruction d'un nouvel aspect de soi qui est en train d'émerger. Voir *avortement.*

favoris : évolution, protection. Voir *barbe.*

fée : un esprit de la nature ; une entité ou une énergie utile et serviable.

féminité : l'aspect créatif, intuitif, réceptif, affectif et maternant de l'être. Les liens affectifs, les sentiments, l'inconscient. Tout ce qui est ouvert, qui peut être pénétré ou envahi. Voir *masculinité*, *yin-yang*.

fenêtre : la faculté de voir au-delà d'une situation donnée. Une vision et une perception élargies des choses. Une fenêtre qui donne sur "l'autre côté", sur la conscience interdimensionnelle. Une maison sans fenêtres est une prison.

fer : s'il s'agit d'un fer à repasser, c'est que vous êtes en train d'aplanir un problème urgent. Symbolise également le fait d'avoir trop de fers au feu. *Une forte tête.*

ferme : materner, cultiver des aspects de soi-même. S'efforcer d'accroître son potentiel. Récolter le fruit de ses efforts. Votre évolution est symbolisée par la ferme elle-même et par les activités qui s'y déroulent.

feu d'artifice : selon le contenu du rêve, peut signifier qu'il est temps de célébrer un travail bien fait ou que l'on a éparpillé et mal dirigé son énergie.

feu : symbolise la kundalini (ou énergie vitale intérieure), qui siège à la base de la colonne vertébrale, ainsi que le Saint Esprit. *Se libérer de tous les systèmes de croyances pour s'ouvrir à une connaissance supérieure.* Voir *kundalini.*

feuilles : symbolise vos qualités. Les feuilles d'un arbre représentent les leçons apprises, les réalisations et les récompenses. *Les fruits de votre labeur.* Un tas de feuilles signifie une évolution et un accomplissement de grande ampleur. Des feuilles éparpillées sur le sol représentent quelque chose d'achevé et dont il ne faut plus s'occuper.

fiancé(e) : la présence des futurs époux ensemble dans un rêve représente d'une part la fusion des qualités féminines et masculines au sein de l'être, et d'autre part une vie nouvelle, placée sous le signe de la maturité et d'une responsabilité accrue. Le mariage représente l'union du corps, de l'esprit et de l'âme. La fiancée ou le fiancé symbolisent un nouveau départ dans la vie marqué par une prise de conscience accrue de ses aspects féminins ou masculins.

ficelle : *êtes-vous la marionnette ou celui qui tire les ficelles* ? Voir *corde.*

fièvre : un déséquilibre aux plans physique, mental, et/ou spirituel. Des émotions enflammées qui remontent à la surface de manière malsaine.

fil métallique, fil de fer, fil électrique : un soutien. Une force empreinte de souplesse, sur laquelle on peut compter. La capacité de réparer quelque chose, de résoudre une situation. Dans un registre humoristique, peut signifier que la tension est trop forte, que vous êtes soumis à trop de stress. Voir *câble*.

filet : *Être pris dans la toile d'araignée de ses propres pensées et être incapable de s'en dépêtrer*. Un filet peut constituer une entrave quand vous êtes pris dedans. Un filet peut aussi constituer une aide précieuse : il vous permet d'attraper tout ce que vous voulez, ou bien il peut vous servir de filet de sécurité lorsque vous êtes sur la corde raide.

fille : symbolise la petite fille en vous ou bien les qualités que vous projetez sur votre propre fille, ainsi que la nature de votre relation avec elle ou toute personne tenant ce rôle. D'ordinaire, plus l'enfant est jeune et plus la sensibilité est profonde. Peut signifier la nécessité de se détendre et de jouer davantage, de se mettre davantage en phase avec ses enfants. *Les attitudes de petite fille*. Voir *féminité*.

film : c'est votre vie. Les scènes du film décrivent vos pensées, vos sentiments, votre perception des choses et vos relations du moment. Elles vous donnent en outre des indications sur les problèmes auxquels vous êtes confronté. Vous êtes le producteur et le metteur en scène de votre film. *Modifiez-en le scénario si nécessaire*.

fils : la partie masculine et juvénile de l'être. Symbolise également des qualités que vous projetez sur votre fils, ainsi que la nature de la relation que vous entretenez avec lui ou avec toute personne tenant ce rôle.

fissure : le mur que vous avez construit est en train de se fissurer quelque part. Symbolise quelque chose qui doit être "réparé" aux plans mental, physique ou affectif. Le sens de ce symbole dépend de ce qu'il suggère dans le rêve : ruine ou percée (scientifique, etc).

flamme : la lumière Divine dans le cœur de l'homme ; le phare de l'être intérieur, de l'éveil spirituel. Plus vous méditerez, et plus votre lumière intérieure brillera.

flaque d'eau : signale des problèmes affectifs. Quelque chose en vous qui vous ennuie, avec quoi vous pouvez vivre, mais dont vous préféreriez être débarrassé.

flèche : vos attentes ; l'énergie concentrée sur un seul but. Symbolise un parcours en ligne droite pour une réalisation rapide et aisée de vos objectifs.

fleur : l'éclosion des fleurs indique une croissance favorable, un intérêt pour la beauté et l'épanouissement. Symbolise la réalisation d'un objectif ou une période favorable à un accomplissement d'envergure. Vous pouvez être fier de vous. Voir aussi *bouquet*, *floraison*, et chaque fleur en particulier.

fleuve : le fleuve de la vie. Le cours de votre propre vie. Si vous nagez à contre-courant, c'est que vous devez vous détendre et vous montrer moins exigeant envers vous-même. Si vous essayez de traverser un fleuve et que cela s'avère impossible, c'est que, pour le moment, vous n'arrivez pas à gérer un problème affectif. Changez de cap et élargissez votre vision des choses pour résoudre votre problème.

floraison : un travail bien fait. Vous avez semé et récolté la beauté. Symbolise une expression magnifique de votre être. Voir *fleur*, *bouquet*.

flotter : si vous flottez sur l'eau, c'est que vous êtes capable de maîtriser parfaitement vos émotions. Si vous flottez dans les airs, c'est que votre vie spirituelle est harmonieuse.

fondations : la force intérieure, le soutien, les racines. Les fondations assurent la stabilité d'une maison et sa durée dans le temps. Nos propres fondations doivent être édifiées sur le roc de la sagesse, de la compréhension et de l'amour. Voir *maison*.

fontaine : la vie, la beauté spirituelle. L'élévation de l'âme, le rajeunissement, les pouvoirs de guérison.

foret, mèche, perceuse : s'ouvrir à de nouvelles intuitions. *Une orientation nouvelle donnée à sa vie.*

forêt : une protection, une évolution et une force exceptionnelles. *L'exploration de l'inconscient.* Si vous êtes perdu, c'est que les arbres vous cachent la forêt (les détails vous empêchent de voir l'ensemble d'une situation). Vous devez assumer et gérer vos problèmes immédiats.

forgeron : se forger des armes nouvelles et puissantes. *Force, pouvoir, masculinité.*

forteresse : dans un sens constructif, symbolise un lieu de protection et de guérison ; dans un sens destructeur, représente un lieu où l'on se cache et où l'on s'isole complètement des autres. A vous de choisir : vous pouvez entrer ou sortir à votre guise de la forteresse.

fosse, puits de mine : si en rêve vous vous tenez au bord d'un puits ou d'une fosse, c'est que vous devriez changer votre façon de vivre. Continuer vous plongerait dans l'ombre et vous éloignerait de la lumière. Si vous vous trouvez d'ores et déjà au fond du puits - ce qui est le fait de votre propre volonté -, vous devez alors comprendre que l'on ne peut pas fuir ses responsabilités, car on emmène avec soi tous ses problèmes et soucis, où que l'on aille. Il est temps de regarder la réalité en face. Élevez votre niveau de conscience et repartez d'un bon pied.

fossé : symbolise un détournement de l'attention. Notez la largeur du fossé et sa situation géographique, puis faites appel à votre imagination pour pouvoir le contourner. Si vous tombez dans un fossé, c'est que vous vous cramponnez à de vieilles réalités, habitudes qui entravent votre évolution. Un effort désespéré pour sortir de l'ornière indique un manque d'énergie et une grande difficulté à faire des projets d'avenir.

fou : celui qui refuse de reconnaître qu'il a lui-même choisi les circonstances de son existence. Celui qui est mû par les pulsions primaires de l'homme. Symbolise également l'enjouement, la gaieté. *Agir sous l'impulsion du moment, sur un coup de tête.*

fouet : s'en prendre verbalement à soi-même et aux autres. Symbolise l'autopunition, l'agression, l'hostilité.

foule : de nombreux aspects de l'être. Le contexte du rêve signalera la nature de l'atmosphère - bruyante, paisible, réfléchie, etc. - indiquant de la sorte si les différentes parties de l'être sont bien intégrées ou non.

four : l'énergie. L'endroit où se situe la kundalini avant que ses forces ne se répandent dans tout le corps. *Pouvoir.*

fourmi : elle est capable de porter une charge d'un poids supérieur au sien. Représente les personnes industrieuses, affairées. Selon le contexte, ce symbole peut représenter une contrariété. Symbolise également le fait de perdre son identité dans la défense d'une cause.

fourrure : une protection, un gîte. *Les forces instinctuelles.*

fragilité : une grande beauté intérieure est en train de s'établir en vous, mais vous n'en avez pas encore pleinement conscience. *Vulnérabilité.*

frange : la trame complexe de vos émotions ; ou bien, le petit plus ou l'ornement qui octroie la beauté.

frein : le point d'équilibre. Prudence : ralentissez et utilisez vos freins lorsque c'est nécessaire. L'absence de freins signifie la perte de contrôle, le danger. Arrêtez-vous et portez votre attention sur un problème particulier avant de poursuivre votre route.

frère : la partie masculine de l'être. Des qualités que vous projetez sur votre frère ou sur une figure fraternelle. La prise de conscience de la relation qui vous unit à votre frère ou à un substitut de celui-ci.

frigidité : la peur de dépendre de quelqu'un d'autre au plan affectif. Le fait d'être coupé de son corps, d'être bloqué sexuellement.

froid : si vous avez froid ou si vous touchez quelque chose de froid, c'est le signe qu'il faut "réchauffer" vos émotions et vos sentiments. Restez sensible, tant envers vous-même qu'envers les autres.

front : l'œil de la vérité. Nous pourrons accéder à la vision du Divin ou à celle de nos Maîtres lorsque nous serons capables de rester détachés et de voir à travers le troisième œil.

fruit : vous récolterez ce que vous avez semé. *Un travail bien fait. Les fruits de votre labeur.*

fuite : se fuir soi-même. Si vous êtes bloqué et incapable de bouger, c'est que vous ne pouvez plus éviter de faire face à la situation ou au problème en cause. S'enfuir au ralenti signifie qu'il faudra bientôt affronter ses peurs. Gardez toujours ceci à l'esprit : *chaque fois que vous les regarderez en face, vos peurs s'évanouiront.*

fumée : un manque de clarté ; tout est brumeux. *Confusion.*

Représente les émotions enflammées. Symbolise également un avertissement. *Il n'y a pas de fumée sans feu.* Voir *brouillard.*

fumier : faire un bon usage du passé. *Une évolution fertile.*

funérailles : la mort de l'ancien. Voir *mort*, *enterrement.*

fusée : évolution spirituelle, potentiel illimité. Si vous décollez, c'est que vous prenez votre envol vers de nouveaux sommets de la conscience. *Le pouvoir.* Voir *avion.*

fusil : l'énergie sexuelle. Si l'on vous tire dessus, notez la partie du corps qui a été touchée car vous êtes en train de perdre de l'énergie à partir de ce chakra. Si vous êtes poursuivi par un homme armé d'un fusil, c'est que vous avez peur de votre sexualité. Voir *pénis.*

G

gaine (corset) : restriction. Indique un refoulement de l'énergie au niveau des second et troisième chakras. Symbolise également le fait de rechercher à l'extérieur la solution à ses problèmes au lieu de la rechercher en soi.

galaxie : l'expansion de son être. Une expérience inter-dimensionnelle permet de prendre davantage conscience de l'énergie créatrice présente en soi.

gamelle : des ressources intérieures facilement accessibles pour enrichir sa vie affective.

gang : les aspects insoumis de votre personnalité. Des attitudes et des croyances fondées sur la peur.

gant : protection, refuge. Le fait d'éviter les contacts avec les autres, de bloquer la réception comme l'émission des énergies physiques et émotionnelles.

garçon : la partie juvénile et masculine de l'être ; le développement interne des aspects masculins de l'être. Symbolise l'expression physique, extravertie, qui est signe d'ouverture d'esprit et de vulnérabilité.

garde : la protection divine. Un gardien de prison signale que quelque chose en vous, par exemple certaines croyances et attitudes, vous maintient prisonnier.

gardien, surveillant : le critique en vous. La fermeté en matière de discipline. *Contrôles, restrictions.* Symbolise également la perte de son pouvoir.

gare : symbolise un arrêt et sans doute un lieu de transition sur le parcours de votre existence. Ici, vous pouvez changer de destination, ou commencer un nouveau voyage. *Un lieu de repos pour faire le point et déterminer ses objectifs.*

gâteau : célébration et nourriture. Un festin somptueux, un cadeau de grande valeur.

gauche : le côté intellectuel ou rationnel. La main gauche est celle qui reçoit.

géant : s'il s'agit d'un "géant gigantesque" et effrayant, c'est que la peur ou le manque de confiance en soi ont pris une ampleur disproportionnée. *Se faire une montagne de quelque chose.* Un bâtiment, un arbre ou un véhicule aux dimensions colossales indique que vous avez un énorme potentiel. Le sens de ce symbole dépend du contexte du rêve - par exemple si le géant est menaçant ou magnifique.

gel : votre corps émotionnel et vos énergies sont bloqués. *Immobilisation.* Voir *glace.*

gencives : la verbalisation de ses émotions. Voir *dents.*

général : voir *guidance.*

générateur : les motivations qui vous poussent à réaliser un objectif ; l'énergie du Moi supérieur qui permet de mobiliser sa volonté. L'aiguillon ou l'ardent désir qui vous poussent à évoluer.

genoux : ce qui vous soutient. La nécessité de se montrer plus souple.

gens : de nombreux aspects différents de soi-même.

germe : les petites peur que l'on entretient. Lorsque l'énergie ou la capacité de résistance sont faibles, les germes se répandent. Symbolise également une idée qui est en train de germer, les fondations d'un plan de vie ou les fondements d'un objectif.

geyser : un décharge affective, des sentiments qui remontent brusquement à la surface.

girafe : *efforcez-vous de grandir.*

gitan : un vagabond. Celui qui ne s'intéresse pas à l'ici et maintenant, qui préfère fuir les problèmes plutôt que d'y faire face. S'il s'agit de cartomancie, le contenu de ce rêve reflète l'harmonie métapsychique, ou bien le fait de renoncer à sa médiumnité, de ne pas puiser dans sa conscience supérieure ou mystique. Toutes les prédictions du cartomancien peuvent être reconsidérés, acceptés ou rejetés. C'est vous qui contrôlez la situation.

glace : les émotions et les sentiments "gelés", l'insensibilité. L'incapacité à donner et à recevoir. Vous êtes "en suspens", immobilisé, incapable d'évoluer. Une mince couche de glace signifie "prendre un risque". *Attention : votre situation ou vos relations affectives sont marquées par l'instabilité.*

glacier : les attitudes fermées, les émotions "gelées". Voir *glace.*

gland : la révélation d'un grand potentiel. Symbolise la nécessité de nourrir et de développer votre nature spirituelle afin que votre potentiel et votre créativité se manifestent pleinement.

glissement : descendre en glissant, c'est aller dans la mauvaise direction, sauf s'il s'agit de s'amuser. Un glissement rocheux ou une avalanche indiquent que les problèmes vous tombent dessus.

gomme, caoutchouc : flexibilité, isolation, protection. Porter des couvre-chaussures en caoutchouc ou des vêtements caoutchoutés suggère une protection lors d'une tempête émotionnelle.

gorge : le chakra de la gorge est à la base de la verbalisation et de la communication. Si l'on vous étrangle, c'est que vous bloquez toute verbalisation et refoulez vos sentiments. Le mal de gorge signale la nécessité de rechercher un équilibre au niveau de la communication. Voir *cou.*

gourou : voir *guidance.*

gouvernail : si vous êtes à la barre, c'est que vous maîtrisez bien votre vie affective et que vous êtes capable de traverser sans encombres une situation houleuse. Si vous n'êtes pas à la barre, c'est que vous êtes ballotté par les vagues émotionnelles de la vie, que vous dérivez et n'assumez pas vos responsabilités.

gouvernement : travailler ensemble au bien-être commun.

grade, classement : une étape de votre apprentissage et de votre évolution. Symbolise la facilité ou la difficulté avec laquelle vous apprenez vos leçons du moment. S'il s'agit de votre niveau scolaire, vérifiez votre classement.

graine : un nouveau départ. Représente vos potentialités. Si vous semez ou plantez des graines, c'est que vous êtes en train d'assurer votre abondance future. *On récolte ce que l'on a semé.*

graisse : s'il s'agit de cambouis, vous devez conduire votre vie de manière plus douce. De l'huile au fond d'une casserole indique que vous devez remettre de l'ordre dans vos affaires.

grand : tout ce qui est grand évoque généralement l'ampleur de votre investissement mental et affectif dans la représentation onirique de ce symbole. Indique quelque chose qui prend des proportions démesurées par rapport à son importance véritable (*se faire une montagne de quelque chose*). Symbolise également le potentiel d'une idée, d'un plan ou son propre potentiel. Une maison ou un véhicule imposants représentent un potentiel et un pouvoir considérables.

grand-père, grand-mère : les aspects plus sages et plus mûrs de votre être, qu'ils soient masculins ou féminins.

grange : le besoin de protection et de nourriture spirituelle. Voir *ferme.*

grenier : symbolise le Moi supérieur (ou Moi spirituel) et la nature de votre évolution spirituelle. La direction à suivre et l'enseignement dispensé sont déterminés par les symboles présents dans le grenier et par les sentiments ressentis durant le rêve.

grenouille, crapaud : sauter d'une situation à une autre sans rien apprendre et en faisant preuve d'irrésolution. Dans un registre humoristique, indique qu'il vous faudra embrasser beaucoup de crapauds avant de trouver votre prince charmant.

griffe : jalousie, colère. Il est nécessaire de prendre du recul face à une situation donnée.

grillon : un bon présage. La chance est de votre côté. Symbolise la prospérité, une intuition heureuse, ou encore votre conscience ou votre guide intérieur. Signale également un petit rien qui vous enquiquine.

gris : peur, insécurité. Absence de vie. Neutralité.

gros, gras, graisse : refuser de se voir tel que l'on est. Avoir une piètre image de soi-même. Symbolise le refoulement des émotions et des sentiments. *Angoisse et négativité excessives.* Symbolise également la richesse et l'abondance (pensez à la parabole du veau gras, à un portefeuille bien garni, à l'expression *vivre comme un coq en pâte*).

grotte : l'inconscient ; les parties inexplorées de l'être. En poursuivant l'aventure de l'introspection, vous découvrez de grands trésors au tréfonds de vous-même.

groupe : l'union de différents aspects de l'être.

guêpe : voir *abeille.*

guérisseur : le Moi supérieur, le Christ en nous, le guérisseur intérieur. La sagesse profonde qui régénère et équilibre, purifie et nettoie.

guerre : un conflit à l'intérieur de l'être ; le fait de rejeter des parties de soi-même. Tous les aspects de l'être doivent œuvrer en harmonie : l'intellect, l'intuition, les aspects féminins et masculins, le corps, l'esprit et l'âme. *Le besoin de trouver un équilibre, d'intégrer tous ces aspects de son être.*

guidance, guide : symbolise le Moi supérieur, des êtres avancés ou un Maître mystique qui vous guident sur le chemin de la vie.

guillotine : ne vous prenez pas la tête ! *Intellectualisation, rationalisation, analyses.* Même signification pour un personnage décapité. Votre intuition vous aidera à résoudre vos problèmes.

guitare : symbolise l'aptitude à créer l'harmonie ou au contraire la propension à engendrer la discordance. Comment jouez-vous ? Votre guitare a-t-elle besoin d'être accordée ?

gymnase : l'autodiscipline par la recherche de l'équilibre mental, physique et spirituel. Peut indiquer la nécessité de faire de l'exercice et d'élever son niveau énergétique.

H

hache : un outil pour exprimer le pouvoir de manière créative, ou au contraire de manière destructrice, par exemple en se débarrassant de choses anciennes, désormais inutiles ou bien en réduisant à néant de belles opportunités. Si quelqu'un vous poursuit avec une hache ou si c'est vous qui le poursuivez, c'est que vous exercez actuellement un pouvoir abusif et que vous en craignez les conséquences. Il faut maintenant orienter votre énergie vers une expression de vous-même positive et créative.

haie : évolution. Une haie bordant votre chemin ou votre route indique une protection ou un guide spirituels. Être cerné par des haies signifie que l'on est accablé par ses difficultés. Il y a trop de choses dans votre vie, des idées contradictoires, des obligations qui exigent beaucoup de temps et que vous avez du mal à remplir.

hallucination : les idées fantasques. L'incapacité à voir les choses telles qu'elles sont de crainte d'être obligé de changer.

halo : voir *aura.*

hamster : peut indiquer que l'on court dans tous les sens sans but précis.

hanche : dans un registre humoristique, ce symbole signifie que vous vous "déhanchez" pour parvenir à vos fins. Vous devez apprendre à donner votre avis et à vous exprimer sans contrainte.

handicap : dépend du type de handicap. Représente souvent celui qui restreint sa propre évolution en ne reconnaissant pas son potentiel ou en refusant de s'analyser honnêtement. Voir *difformité.*

hangar, remise : une banque de données. Toutes les idées, attitudes et croyances dont nous n'avons pas encore décidé si nous les intégrerons ou si nous les rejetterons. Peut symboliser un "circuit d'attente", le fait de faire du surplace. Cherchez ce qui doit être réévalué et "nettoyé".

harpe : l'harmonie, la musique des dieux. Symbolise l'éveil spirituel ou le Moi supérieur.

hauteur : une opportunité et des défis nouveaux. Voir *falaise.*

hélicoptère : l'évolution spirituelle. Voir *avion.*

hémorroïdes : un manque de communication verbale, d'amour de soi. Le refoulement. Le syndrome du martyr.

herbe : croissance, maternage, ancrage, protection.

héritage : un cadeau (ou une opportunité) vous est offert afin que vous puissiez changer votre vie. Notez bien de quel cadeau il s'agit.

héros : un personnage célèbre représente votre guide intérieur ou votre Moi supérieur. Peut également indiquer une magnifique réalisation.

herpès : des poisons qui surgissent de l'intérieur. Si l'herpès en est au stade des vésicules transparentes, c'est que vous n'avez pas encore éliminé la cause de votre problème. *Le refoulement.* Symbolise également les craintes liées à la sexualité et d'autres types de peurs latentes. Voir *ampoule.*

hibou : la sagesse. La faculté de voir avec clarté dans le noir ou de reconnaître des parties inconnues de son être.

hippopotame : votre poids ; le poids de vos émotions. *Une puissance massive*. Allégez-vous !

homme ou femme d'affaires : la partie organisationnelle de l'être.

homme politique : selon le contenu du rêve, il peut s'agir de votre guide intérieur. Peut également indiquer qu'une personne ou qu'une partie de vous-même essaye de vous convaincre d'agir d'une manière particulière, sans tenir compte des nombreuses autres possibilités qui s'offrent à vous.

homosexuel : la partie masculine de l'être ; le mélange de diverses qualités masculines à l'intérieur de l'être. Si dans votre rêve vous faites l'amour avec une personne que vous connaissez, c'est sans doute que vous voulez intégrer des qualités que vous lui attribuez. *Les attitudes envers sa propre sexualité*. Voir *rapports sexuels.*

honneurs : voir *récompense.*

hôpital : un centre de guérison. Un rajeunissement aux plans affectif, mental et physique.

horizon : un nouveau départ. Un esprit clair, une vision plus large des choses. Une conscience élargie de soi-même.

horloge : le temps est vital ; prenez votre destin en main. Tout dépend du choix du moment : notez les nombres que vous distinguez sur le cadran de l'horloge ou bien l'heure affichée. Voir *nombres*.

horoscope : l'influence des forces célestes infinies sur votre être. Symbolise votre raison d'être et votre plan de vie, le programme de vie que vous avez choisi avant de vous incarner. Ce que vous faites de ce programme - le changer, l'accepter ou le dépasser - ressort de votre libre arbitre. Symbolise également une carte ou un guide précieux. Voir *astrologie*.

hôtel : un grand potentiel d'évolution. Un hôtel louche indique la nécessité de travailler sur soi et de remettre de l'ordre dans ses affaires. Un hôtel mal entretenu indique que vous n'utilisez pas efficacement votre potentiel. Un hôtel luxueux signifie que votre vie spirituelle est riche et que vous utilisez pleinement vos nombreux talents. Voir *maison*, *bâtiment*.

huile : un lubrifiant, une influence salutaire. *L'énergie*. Le fait d'être oint d'huile signifie que l'on reçoit une grande bénédiction. Jeter de l'huile dans une eau trouble signifie que l'on aplanit les discordes et que l'on remédie à un manque d'harmonie. Symbolise également une personne aux manières onctueuses ou un individu retors.

huître : se renfermer en soi-même. Être coupé de sa beauté intérieure (la perle). Voir *palourde*.

humour : l'aptitude à rire de soi-même, à ne pas se prendre trop au sérieux. *Le rire guérit*.

hurlement : colère, agression, peur. Symbolise des sentiments qui émergent de l'inconscient.

hypnose : indique souvent que l'on est sous l'influence de pensées réductrices à propos de soi-même. Vous en êtes venu à croire, à la suite d'autosuggestions négatives, que vous êtes un être limité. *Le fait de rejeter ses propres croyances pour adopter celles de quelqu'un d'autre*. Symbolise également la relaxation, la méditation et la conscience élargie.

hypothèque : une dette. La façon dont vous utilisez votre énergie pour vous engagez dans des expériences nouvelles, la façon dont vous tirez partie de vos intuitions et de votre temps. Voir *banque*.

hystérectomie : abandonner son rôle maternel et s'engager dans une nouvelle étape de son évolution.

I

iceberg : la partie émergée de l'iceberg indique que vous en êtes seulement au début de votre introspection. Contrairement à ce que vous pourriez penser, vous ne savez pas tout : plus vous apprendrez, et plus vous prendrez conscience de l'étendue de votre ignorance. *Être à la dérive sans éprouver la moindre émotion*. Voir *glace*.

idiot : rabâcher sans cesse ses leçons sans en tirer le moindre bénéfice. *Un manque de clarté*. Se rendre la vie beaucoup plus difficile que nécessaire. Abandonner son pouvoir.

idole : vouer un véritable culte à de fausse valeurs et à des concepts erronés.

île : un refuge pour se détendre et exprimer sa créativité. Le fait de s'isoler des autres. Le désir de fuir des situations pénibles. *L'isolement*.

image : voir *photographie*.

immaculée conception : rêver d'être nimbé de lumière ou imprégné de la force Divine symbolise l'ouverture de sa conscience spirituelle. *La découverte des dimensions spirituelles*.

impôts : un fardeau inutile dont vous vous chargez. *L'autocritique*. Aller au-delà de ses forces en tentant de résoudre un situation stressante. *Vous épuisez vos forces alors qu'il faudrait les reconstituer grâce à la méditation et aux nourritures spirituelles*.

impuissance : la peur et l'insécurité qui vous empêchent de reconnaître votre véritable valeur. L'impuissance sexuelle peut signaler un refoulement, la peur de son propre pouvoir, de sa vulnérabilité, ou bien refléter un abaissement du niveau énergétique et un déséquilibre. *Ne vous prenez pas trop au sérieux et faites-vous davantage plaisir.* Voir *frigidité.*

incarcération : nous construisons nous-mêmes nos propres prisons. Voir *prison, prisonnier* et *criminel.*

inceste : la fusion de différents aspects de soi : l'adulte et l'enfant, le masculin et le féminin, etc. Un inceste entre deux personnes de même sexe signifie que vous êtes en train d'intégrer le féminin et le masculin à l'intérieur de votre être. Tous les personnages de vos rêves sont en réalité vous-même et les scènes oniriques incestueuses n'ont rien à voir avec le comportement sexuel. Voir *rapport sexuel.*

inconnu : une partie de notre être que nous avons laissée dans l'ombre, rejetée ou mal comprise ; une peur que nous n'avons pas assumée. Voir *étranger.*

incubation : la naissance d'idées nouvelles n'est pas encore pour tout de suite. *Quelque chose va bientôt voir le jour.*

indigène : la nature primitive instinctive, la partie inconsciente ou intuitive de l'être. Symbolise une partie inconnue ou incomprise de notre être qui parvient à la conscience.

indigent : un esprit de peu d'envergure. Le fait de nier son propre Moi Divin, ses dons, ses talents et de repousser les occasions de servir autrui. *Ne pas se rendre compte de sa propre valeur.*

indigestion : l'incapacité à "digérer" des idées, des croyances ou des circonstances de la vie. Détendez-vous et cherchez où se situe le "trop-plein". Voir également *nausée.*

infirmière : le don de guérir, le besoin d'être soigné et materné. Selon qu'il s'agit d'une infirmière ou d'un infirmier, indique la nécessité de développer ses propres qualités masculines ou féminines.

ingénieur : agencer, construire de nouveaux aspects de soi-même. Si l'action se passe dans un train, c'est que vous avez pris votre destin en main.

initiation : vous avez atteint un palier. Symbolise la réception d'un diplôme ou le fait de s'ouvrir à un nouveau plan de conscience.

inondation : une grande perturbation affective. Voir *désastre.*

insecte : des petits riens qui vous enquiquinent, de petites contrariétés. Remettez-vous et vous verrez les choses dans leur juste perspective.

interview : partir à la découverte de soi-même. Apprendre à intégrer des aspects distincts de la conscience.

invasion : un manque d'intimité, le besoin d'un espace plus grand, bien à soi. Ne laissez pas des pensées négatives troubler votre paix intérieure.

invention : une façon nouvelle d'envisager les choses ; une idée nouvelle pour résoudre un problème.

invité : un aspect de soi dont on ne se sert pas régulièrement mais auquel on peut faire appel lorsque c'est nécessaire.

irrigation : des émotions équilibrées et maîtrisées, des expériences vécues enrichissantes et stimulantes.

isolation : protection, chaleur, économies d'énergie (l'isolation d'une maison, etc.) Symbolise également le fait de se cacher.

ivoire : pureté, force, endurance.

ivrogne : incapable de voir les choses clairement, vous vous engourdissez vous-même. Voir *alcool.*

J

jaloux : insécurité. Il faut tout arrêter et renforcer l'amour de soi. Découvrez votre beauté intérieure et votre véritable valeur.

jambe : les fondations de sa vie. La motivation, la mobilisation qui vous permettent de vous montrer à la hauteur des enseignements reçus. Symbolise un système de soutien ou la capacité à rester bien ancré dans sa vie. La jambe gauche symbolise la réception de l'énergie tandis que la droite en symbolise la diffusion. Voir *corps.*

jambon : ne prenez pas la vie trop au sérieux. Mettez un peu de piment dans votre existence. Symbolise également un cabotin. Voir *nourriture.*

jardin d'agrément : l'évolution, l'expression de soi-même. Notez si le jardin est bien tenu, propre, s'il a des fleurs, des mauvaises herbes, etc.

jardin : les fruits de votre labeur ; les bénéfices que vous retirez de votre apprentissage et de votre évolution. Un jardin a besoin d'être entretenu et arrosé. Des graines en grande quantité indiquent que vous êtes dépassé par les problèmes quotidiens, aussi devez-vous maintenant consacrer davantage de temps à l'organisation de votre vie et à l'établissement de vos priorités.

jaune : paix, harmonie. Si vous devenez tout jaune, c'est sans doute que vous avez peur. *Votre courage n'est pas à la hauteur de vos convictions.*

Jésus : un grand enseignant, le Moi supérieur. Voir *Christ.*

jetée : un endroit où l'on se sent en sécurité au plan affectif. Vous y resterez peut-être un certain moment pour vous reposer, retrouver votre cohésion interne et éviter les hauts et les bas d'une tempête émotionnelle. En outre, cet endroit vous permet d'observer la mer (analyser votre vie affective) et d'élargir ainsi votre vision des choses. Voir *port.*

jeu : le jeu de la vie, toutes vos histoires du moment. Réfléchissez à la façon dont vous avez déterminé les règles du jeu et vos chances de succès. Voir *scène. Jouer au plus fin avec quelqu'un, en particulier dans une relation sentimentale.*

jeûne : suivre un jeûne symbolise une purification et un nettoyage. Un jeûne poussé aux extrêmes représente un sacrifice et un manque d'amour de soi, ainsi que tout ce qui est néfaste à l'organisme.

jeunesse : l'ouverture d'esprit ; un caractère enjoué, gai. La partie créative de son être, des restrictions et des limitations peu importantes. *La jeunesse du cœur.*

jongleur : vouloir faire trop de choses à la fois, disperser son énergie. Jouer le rôle d'un "super" parent, d'un "super" homme d'affaires, d'un "super" conjoint, etc. Concentrez-vous, car en ce moment vous ne faites rien de bon.

jouet : il est temps de jouer, de se dérider. En considérant vos objectifs comme des jouets, vous les atteindrez plus facilement. L'esprit juvénile du jeu constitue votre meilleur outil de création. Jouez avec vos idées et elles prendront une forme plus créative et personnelle.

Joueur de flûte (le) : comme dans la légende, vous jouez votre propre mélodie et montrez le chemin aux autres. Assurez-vous que vous allez dans la bonne direction, celle des responsabilités assumées. Si vous suivez le Joueur de flûte, c'est que vous êtes hypnotisé par une croyance, par quelque aspect de vous-même, par votre ego ou par une autre personne.

joug : vivre sous le joug de certaines de ses convictions ou attitudes qui, manifestement, sont devenues des fardeaux. *Une protection.* Ce symbole signale la nécessité de rassembler ses forces et se concentrer sur l'orientation à donner à sa vie.

jour : ce symbole suggère qu'il y a assez de lumière ou d'énergie pour voir les choses avec clarté ; vous avez tous les éléments à votre disposition, mais c'est à vous d'examiner la situation et de prendre une décision. S'il s'agit d'un jour de la semaine, vérifiez sa signification numérologique à l'article *alphabet.*

journal intime : la façon dont vous percevez votre vie ; les secrets, les désirs. La tenue d'un journal onirique permet de considérer sa vie à travers les yeux de l'âme (ou conscience supérieure).

journal : un message concernant votre vie quotidienne, les événements de votre vie. Tenez-en compte ; soyez vigilant.

journaliste : observer et percevoir la vie de manière consciente.

judas : se trahir soi-même. Un précepte essentiel : *sois loyal envers toi-même.* Voir *prostituée.*

juge : selon le contexte, peut symboliser le guide intérieur, le Moi supérieur ou la conscience. Indique souvent un jugement sévère sur soi-même. Vous êtes votre propre juge et vous devez apprendre non seulement à vous montrer juste envers vous-même, mais également tendre, doux et affectueux. Si vous êtes trop sévère avec vous-même, vous aurez également tendance à juger sévèrement les autres. *Le fait de juger les autres.* Ne vous jugez pas, ne jugez pas autrui. Changez ce qui doit l'être et allez de l'avant ! Se complaire dans la culpabilité et la condamnation diminue les capacités énergétiques et intuitives. Voir *jury.*

jumeaux : une vie nouvelle, généralement équilibrée.

jumelles (de vue) : la faculté de voir les choses telles qu'elles sont.

jungle : une formidable évolution. Il se passe tellement de choses qu'il est difficile de tout assimiler.

K

kaki : camouflage, cachette. L'incapacité à voir clairement les choses. Les illusions.

kangourou : une force et une puissance énormes. Des pieds démesurés indique l'équilibre, la mobilité.

karaté : apprendre à concentrer et à diriger son énergie vers le but désiré.

karma : on récolte ce que l'on sème. *Ce que vous donnez et ce que vous recevez des autres.*

kidnapping : le vol d'une partie de vous-même. S'il s'agit du rapt d'un enfant, c'est que vous essayez de vous débarrassez de votre nature enfantine. Attention, vous êtes sans doute en train de saboter votre plénitude.

klaxon : un avertissement. Soyez vigilant.

krishna : voir *guidance.*

kundalini : l'énergie vitale, le pouvoir spirituel, le Saint Esprit, l'énergie Divine. Situées à la base de la colonne vertébrale, les forces de la kundalini s'éveillent pour activer les sept chakras au maximum de leur potentiel. Voir *serpent.*

L

laboratoire : un lieu de travail où l'on peut organiser ses idées et son plan de vie. Indique le point où vous en êtes dans votre vie et la manière dont vous la contrôlez. Vous êtes l'alchimiste de votre vie. Vous créez vos expériences vécues et en faites la synthèse afin de les comprendre et de les transcender.

labyrinthe : la confusion, l'impression d'être perdu. Un labyrinthe est toujours quelque chose que nous avons nous-mêmes créé, souvent pour ne pas avoir à prendre des décisions et à assumer nos responsabilités. Si vous vous sentez perdu dans le labyrinthe de la vie, imaginez qu'il se transforme en une autoroute et reprenez le chemin de votre évolution.

lac : si l'eau est claire et calme, c'est que vous contrôlez bien vos émotions ; si l'eau est trouble ou agitée, c'est que vous devez vous centrer et remettre de l'ordre dans votre vie affective. *La sensibilité et les ressources affectives.* Le lac n'est pas aussi puissant que l'océan, mais apaise davantage. Voir *mare, flaque, océan, eau.*

lâcheté : la peur de se voir tel que l'on est, de réaliser ses objectifs, de poursuivre son évolution. *Vos peurs vous empêchent d'oser être vous-même.*

laine : douceur, chaleur, maternage.

lait : subsistance, maternage. Accomplissement, amour. Prendre soin de parties de son être en plein essor. *Le lait de la tendresse humaine.* Symbolise également le besoin de protéines, de reprendre des forces.

lampe : la lumière intérieure. Voir *lumière.*

lancement (d'un navire) : partir pour de nouvelles aventures. Partir à la découverte de soi-même. Poursuivre un but.

langue : la faculté de communiquer, de s'exprimer. Si votre langue est coupée, c'est que vous devez faire attention à ce que vous dites. Dans un autre registre, une langue acérée ne vous protégera jamais de la colère d'autrui.

lapin : passer d'une chose à une autre sans but précis. Un manque de lucidité dans la création de votre univers. Symbolise les câlins et la chaleur. *Courir comme un lapin.*

larmes : une décharge affective, qu'elle soit caractérisée par la joie ou par la peine. Un nettoyage émotionnel. Se libérer de toute la tristesse, de toutes les frustrations, de toute la négativité refoulée. Une forme saine d'équilibrage des énergies émotionnelles. Un éveil spirituel à l'amour, à l'unité, à la vérité intérieure. L'émotion suscitée par les prises de conscience.

lave : symbolise des aspects inconnus de soi-même qui émergent dans la conscience après avoir longtemps été refoulés. *Un message de l'inconscient.*

lavement : nettoyage, purification. *Se libérer des émotions et de la négativité refoulées.*

laxatif : purification du corps. Se libérer de la culpabilité, des peurs, des blessures et des émotions refoulées.

leader : une personne réfléchie, la sagesse intérieure. La partie de votre être qui vous dirige. Cherchez s'il s'agit d'un aspect affectif, mental, physique ou spirituel de votre être, ou bien de l'ensemble de ces composantes de votre personnalité.

légumes : *on récolte ce que l'on a semé.* Équilibre et santé éclatante du corps. Voir *nourriture.*

lèpre : le dépérissement de ses talents et de ses aptitudes.

lesbienne : la partie féminine de l'être. La fusion des qualités féminines au sein de l'être. Si vous faites l'amour avec une personne de votre connaissance, c'est sans doute que vous intégrez en vous-même les qualités que vous attribuez à cette personne. *Les attitudes vis-à-vis de sa propre sexualité.* Voir *rapports sexuels.*

lessive : remettez de l'ordre dans vos affaires. *Nettoyage, purification des émotions.*

lettre : nouvelles ou informations. Un enseignement.

lever du soleil : un nouveau départ. *L'énergie montante.*

lévitation : s'élever au-dessus d'une situation. Des perspectives plus optimistes. Lorsqu'on se sent plus léger, il est plus facile de prendre conscience de la réalité extérieure.

levure : la source intérieure d'évolution et d'expansion. *Se montrer à la hauteur.*

l'homme (ou la femme) de votre vie : l'intégration des qualités masculines ou féminines. Le désir d'amour, de chaleur humaine, de maternage. Le désir d'être accepté et reconnu.

liaison : voir *adultère* et *rapports sexuels.*

liberté surveillée : être en liberté surveillée vous rappelle que vous avez eu tout le temps nécessaire pour apprendre telle ou telle leçon ou pour résoudre un problème. Les périodes probatoires ne sont pas éternelles. Si vous ne changez pas, vous en paierez les conséquences karmiques. *On récolte ce que l'on a semé.* Prenez conscience de ce que vous avez remis à plus tard et remédiez à la situation.

licorne : l'appel mystique des cieux.

lifting : changer de visage. Une façon nouvelle d'envisager les choses. Le fait de transformer de fond en comble sa vision de l'existence. Voir *chirurgie plastique.*

lion : force, pouvoir, féminité. Peur de l'agression, colère contre soi-même ou contre les autres. Dompter un lion indique que l'on fait face à ses propres peurs grâce la force et à l'amour que l'on porte en soi. Voir *animal.*

liquide : caractère coulant, souple. La faculté de se couler dans de nombreux moules, de prendre de nombreux aspects différents. *Un caractère émotif, soumis, instable.*

lis : le lis de Pâques représente la vie, la mort et la renaissance. Un processus de croissance et de régénération. Une transition. Voir *fleur.*

lit : un pont entre le conscient et l'inconscient ; un retour à la matrice universelle (la source de tout pouvoir). Le lit joue un rôle important dans nos vies : repos, détente, rajeunissement, partage des sentiments, intimité sexuelle. Il symbolise la recherche de la sécurité, la prise de conscience de la protection divine et établit une relation particulière avec de nombreux niveaux de l'être. *L'expression de l'individualité* : *Comme on fait son lit, on se couche.*

livre : le livre de votre vie - la raison d'être de votre présence sur terre. La découverte de votre plan de vie. Soyez attentif : d'importantes leçons vous seront bientôt transmises.

location : paiement, dette, karma. Symbolise un échange qui profite aux deux parties.

lotus : épanouissement spirituel. Voir *fleur.*

loup : les désirs voraces, les appétits insatiables. *Une personne rusée, sournoise.* Le loup symbolise les attaques contre la paix de l'esprit et le bien-être personnel. Puisez dans vos ressources intérieures. *Prenez conscience de votre complétude et respectez-la.*

loup-garou : agression, colère, peur. Les pulsions basses et animales au fond de soi. Voir *monstre*.

lourd : votre fardeau est trop lourd. Établissez clairement vos priorités, simplifiez-vous la vie, débarrassez-vous de ce qui vous accable. Déléguez vos responsabilités, déridez-vous.

loutre : la partie joyeuse, ludique de la vie affective. Apprenez à nager avec facilité et enjouement dans les eaux émotionnelles de la vie au lieu de vivre dans la crainte perpétuelle.

LSD : une expansion de la conscience, généralement involontaire. *L'éveil, la conscience élargie*. Pour étendre sa conscience, il est plus sûr et plus efficace d'utiliser la méditation, de s'en remettre à son guide intérieur et de faire appel à ses ressources internes. Voir également *drogue*.

lumière : la sagesse Divine. Le pouvoir, l'énergie, l'aptitude à discerner et à comprendre. La lumière Christique intérieure.

lune : selon le contexte du rêve, peut signifier la sécurité, la paix intérieure, une idylle romantique, l'amour, la quiétude. *Créativité, inspiration*. Symbolise également les influences sur la vie affective, à l'instar de la lune qui affecte les marées. Si vous n'êtes pas centré, une pleine lune peut accroître la sensation de confusion.

lunettes : le fait de réexaminer une situation. Vous avez maintenant une vision bien plus claire des choses. Si vous portez les lunettes de quelqu'un d'autre, c'est que vous ne voyez pas clairement avec votre œil intérieur.

lutte : vous rendez les choses beaucoup plus difficiles qu'elles ne le sont en réalité. Il n'est nul besoin de lutter et de souffrir. Laissez-vous aller dans le courant de la vie, détendez-vous et demandez des conseils à votre guide intérieur. *La confusion au sein de l'être*. Un conflit entre différentes parties de soi.

M

mâcher : décortiquer et assimiler des connaissances ou des informa-tions ; méditer sur quelque chose, démêler, examiner une question. Mâcher des clous ou n'importe quel objet trop dur pour être avalé signale un problème que vous refusez d'assumer ou qui ne vous concerne pas. Symbolise aussi le manque de verbalisation.

machine à écrire : un moyen de communication et d'expression de soi. Le besoin d'organiser et de verbaliser ses pensées et ses sentiments.

mâchoires : serrées, elles indiquent la nécessité de verbaliser et de libérer ses émotions. *Sévérité, force.* Si vous êtes broyé par des mâchoires, c'est que vous avez peur des mots, que vous abandonnez votre pouvoir aux autres. *Perdre la maîtrise de sa vie, être affecté par les paroles négatives d'autrui.*

Madone (la) : la Divine Mère sous ses nombreuses formes. La mère de toute vie. Lorsque la Madone apparaît en rêve, c'est qu'une guérison est en cours. Le principe féminin qui s'unit avec le principe masculin (ou Dieu le Père) pour donner le jour à l'univers. Yin, le principe femelle, qui s'unit à yang, le principe mâle. Le principe maternel au sein de notre être. *La Terre Mère.* Marie est la personnalisation du principe féminin dans la tradition chrétienne.

magasin : les vastes ressources intérieures. Quel que soit le type de magasin, il vous offre une grande variété de produits et d'opportunités. C'est le magasin des idées nouvelles, des manières différentes de voir les choses, de vos richesses intérieures, de vos capacités et talents. Voir également *marché, boutique.*

magnétophone : vous retombez toujours dans les mêmes vieilles ornières. Voir *disque.*

main : les sensations, la partie expressive de l'être. La main gauche reçoit l'énergie, l'amour ; la main droite les donne. Si votre main gauche est blessée, c'est que vous refusez de recevoir ; si c'est la droite, c'est que vous dispersez trop vos énergies sans reconstituer vos forces. Des mains tendues vers vous signifient que vous trouverez de l'aide : regardez en vous-même, tendez la main aux autres. Voir *corps*.

maire : un maître ou un guide supérieur.

maison : vous, votre vie. L'endroit de la maison où vous vous trouvez et ce qui s'y passe vous donneront de précieuses indications sur de nombreux aspects de votre vie. Pénétrer dans des pièces inconnues ou plongées dans l'obscurité signifie que l'on est en train d'explorer des parties inconnues de son être. Si les pièces sont encombrées, vous devez vous organiser et vous débarrasser de vieilles habitudes et idées désormais inutiles. Les meubles et les gens qui se trouvent dans la maison représentent différents aspects de vous-même. Observez en particulier les couleurs et les formes présentes dans le rêve. Les différentes pièces représentent divers aspects de l'être :

Les pièces d'en haut ou le grenier - la conscience spirituelle.
Le rez-de-chaussée - les situations de la vie quotidienne.
La cave - la sexualité au niveau conscient et inconscient.
La cuisine - le lieu de travail, l'endroit où l'on fixe ses objectifs, forge ses intrigues et où l'on prépare le bien-être des siens.
Les chambres à coucher - le repos, les rêves, les désirs sexuels.
La bibliothèque - l'intellect et l'acquisition du savoir.
Le salon - les relations quotidiennes avec les autres.
La salle à manger - la subsistance, le confort, l'amitié.
La salle de bains - la purification, l'élimination de l'ancien.
La véranda ou le patio - un prolongement de soi-même, le plaisir, la détente.
Les fondations - la force intérieure et la conscience de l'ici et maintenant.

maître nageur : la guidance, le Moi supérieur protecteur. La maîtrise de sa vie affective.

mal (le) : ignorance, conscience limitée. Voir *diable*.

maladies vénériennes : manque d'harmonie et conception erronée de l'énergie sexuelle. *La peur de la sexualité*. Un mauvais usage de l'énergie sexuelle, un déséquilibre.

malade : se débarrasser des toxines du corps. *Une énergie faible*. Si dans votre rêve vous vomissez, c'est que vous devez verbaliser vos émotions et évacuer la négativité présente en vous. Voir *maladie*.

maladie : un déséquilibre. Indique le refoulement d'émotions qui devraient au contraire être libérées pour permettre la guérison. *Stress et tensions aux plans physique, mental, émotionnel et/ou spirituel.*

maléfice : colère, blessure, incapacité à gérer une situation pénible de manière positive. L'esprit de vengeance. *Se faire du mal et en faire aux autres.*

manche : maîtriser une situation ; aller de l'avant en restant maître de son destin. Si le manche est cassé, c'est que vous devez trouver en vous-même vos forces et ressources. *Découvrez la réalité de votre être et votre destinée.*

mandala : un outil pour concentrer son énergie afin de trouver l'équilibre. Un symbole d'amour.

manège : la roue du karma. Le cercle vicieux de vos histoires et schémas de comportement. Observez bien ce que vous êtes en train de faire. Descendez de cet interminable manège pour progresser un peu.

manger : vous avez besoin de nourriture, qu'il s'agisse de nourritures mentales, émotionnelles, physiques ou spirituelles. Il se peut que vous ayez besoin de la nourriture spécifique figurant dans le rêve ou de ce qu'elle symbolise. Voir *nourriture.*

mannequin : un rôle que vous essayez de tenir ou une image que vous voulez donner de vous-même.

manteau : chaleur ou protection. Symbolise également le fait de cacher ses émotions, de ne pas laisser les autres découvrir la réalité de son être.

manuscrit : des vérités puissantes. Le livre de votre vie.

marais : votre vie affective est instable.

marasme : indique une absence d'évolution. Voir *cloaque.*

marbre : quelque chose de beau, quoique froid et insensible.

marche : avancer sur le chemin de sa vie. *La mobilisation de ses ressources.* Voir *trottoir.*

marche arrière : un changement de direction. *Vous faites fausse route.*

marché : faire son marché pour trouver de nouvelles façons de voir et d'agir. Tout ce dont vous avez besoin se trouve ici ; faites votre choix. *Prendre conscience de nouveaux aspects de soi.* Voir également *boutique*, *magasin.*

marcher (au pas) : toutes les parties de votre être fonctionnent de manière harmonieuse et précise.

Mardi gras : voir *Halloween.*

marécage : se sentir submergé par le travail. Être enlisé dans un bourbier affectif. Être dans le brouillard, sans perspectives. Voir *marais.*

marée noire : vos émotions sont troubles et polluées. Remettez de l'ordre dans vos affaires. Faites en sorte que votre vie affective soit plus harmonieuse.

marées : les fluctuations émotionnelles. Voir *océan.*

mari : la partie masculine de l'être. Les qualités que vous projetez sur votre mari. La perception de la relation que vous entretenez avec votre mari. Voir *masculinité.*

mariage : l'union ou le rapprochement d'idées, de personnes, de parties ou d'aspects de soi. Rêver de mariage représente souvent un mélange des aspects intellectuels et intuitifs, ou bien des aspects féminins et masculins de l'être. Rêver d'épouser un ancien compagnon (ou compagne) indique que l'on intègre les qualités positives de cette personne dans sa conscience, et non que l'on projette ces mêmes qualités sur elle. Voir *Yin* et *Yang.*

marié (le) : la partie forte et pleine d'assurance de notre être, prête à s'unir aux aspects féminins, créatifs et intuitifs de notre personnalité. Voir *mariage*, *fiancée*, *fiancé.*

marijuana : détendez-vous et regardez en vous-même. Vous trouverez l'intuition et la direction à suivre dans un plan de conscience élargie. Autre sens : *être dépendant de stimulants extérieurs au lieu de rechercher l'harmonie dans son être profond.* Voir également *drogue.*

marionnette : se laisser manipuler ; abandonner son pouvoir. Si vous tirez les ficelles d'une marionnette, c'est que vous essayez de contrôler et de manipuler autrui.

marmite : indique ce que vous êtes en train de concocter actuellement dans votre vie. Examinez l'état de la marmite. *Une source d'enrichissement, de création.*

marron : un caractère terre à terre ; la conscience de l'ici et maintenant. Le fait de renouer avec l'aspect physique de son être ; la trop grande importance accordée au mental et au spirituel. Indique que vous êtes en rupture d'équilibre.

marteau : une idée ou un outil utilisés pour construire ou pour casser. Notez quel usage vous en faites.

martyr : un manque d'amour de soi. Prendre soin d'autrui et ne pas satisfaire ses propres besoins. S'occuper des autres ou défendre des causes afin d'éviter d'avoir à assumer ses propres problèmes. *Se dérober.* Symbolise également un encouragement, un stimulant. Autre sens : le syndrome du "*il faut absolument que je le fasse*". Libérez-vous et libérez autrui de cette pression, pardonnez-vous et pardonnez aux autres.

masculin : les aspects autoritaires, agressifs et puissants de la personnalité. Rationalité, sens pratique, intellect, conscience, volonté. Symbolise tout ce qui pénètre. *Une compréhension profonde des choses.* Voir *féminin*, *Yin* et *Yang*.

masque : les différents rôles que vous interprétez, les masques que vous portez. Se mentir à soi-même. Se montrer malhonnête. Se cacher. *Osez être vous-même.*

massage : guérison, équilibre. Intégration du physique, du mental et de l'émotionnel.

masturbation : le besoin de libérer le stress et les tensions qui affectent le corps. Vous devez satisfaire les besoins associés au second chakra.

matrice, utérus : sécurité, maternage, absence de responsabilités. On ne pourra jamais retrouver cet état de dépendance dans lequel il n'y a aucune responsabilité à assumer. Mais on peut tout à fait connaître un sentiment de sécurité grâce à son pouvoir créatif et à la protection bienveillante du Divin, ou Moi Divin.

mauvaise herbe : une mauvaise habitude que vous devez faire disparaître du jardin de votre vie.

mécanicien : un travail que vous devez accomplir durant votre vie quotidienne en ce bas monde. Le corps - votre véhicule physique -, a peut-être besoin d'attentions, de repos ou de soins réparateurs.

médecin : votre médecin intérieur ; les forces supérieures de guérison à l'intérieur de soi. *Guidance.*

médecine : guérison, rajeunissement. *L'équilibre du corps, de l'esprit et de l'âme.* Autre sens : *on vous rend la monnaie de votre pièce* (le karma). Vous devez corriger vos pensées.

méditation : *connais-toi toi-même.* La voie du gourou ou du maître intérieurs. Se connaître soi-même, c'est connaître toute chose, Dieu, l'interrelation et l'unité entre tous les êtres, entre toutes les manifestations de la vie. Lorsque vous vous connaîtrez vraiment, vous ne pourrez plus porter de jugements d'ordre moral sur vous-même ou sur autrui et vous accepterez tout le monde avec tendresse. La méditation est l'autoroute qui mène à l'illumination. Grâce à elle, votre champ énergétique s'étend de manière continue, accélérant ainsi votre évolution. C'est si simple...

médiumnité : chacun de nous est un médium, aussi, profitez de vos propres facultés médiumniques ; exprimez-vous, créez tout ce que vous voulez.

méduse : soyez attentif à votre vie affective. *Le besoin de méditer.*

ménopause : se libérer des servitudes de la codépendance (le rôle de mère). *Arrêtez de materner vos proches.*

menottes : une entrave à la libre expression de soi-même. *S'interdire d'aller de l'avant.*

mensonge : l'incapacité à s'évaluer honnêtement. Le refus de voir les choses en face. La peur de la vérité.

menstruation : une période de repos, de purification et de rajeunissement. Détendez-vous et prenez soin de la partie créative de votre être. Si des saignements sont clairement en évidence dans le rêve, voir *sang*.

mer : voir *océan*.

mercure : esprit, conscience. Instabilité, imprévisibilité. *Le messager des dieux.* Voir *planète*.

mère : représente généralement les aspects féminins plus âgés, plus sages et plus expérimentés de l'être. *Les sentiments que vous projetez sur une figure maternelle.* Des sentiments négatifs reflètent probablement une haine ou un ressentiment envers la partie maternelle de votre être qui abandonne son pouvoir à autrui, ne s'aime pas assez et prend soin des besoins d'autrui tout en négligeant les siens. Voir *féminin.*

mérite : vous avez réussi dans votre entreprise et une prime vous attend. Vos différentes responsabilités se conjuguent harmonieusement.

messager : le messager de Dieu. Le guide intérieur, le Moi supérieur. Écoutez bien leur message afin d'approfondir vos connaissances.

métal : force, résistance. Tout ce qui est dur, froid, insensible.

métro : découvrir des aspects plus profonds de son être. Si vous montez dans une rame de métro, c'est que vous êtes maintenant prêt à prendre un nouveau départ dans la vie. Si vous changez de métro, c'est que vous changez l'orientation de votre vie.

meurtre : voir *tuer.*

meute (de chiens) : les aspects masculins de l'être. L'agressivité, les émotions refoulées.

microphone : exprimez clairement et à voix haute vos besoins et vos sentiments afin d'être entendu et compris. *Vous vous laissez trop faire.*

microscope : un examen minutieux de soi-même. *L'examen des croyances et limitations qui sont d'ordinaire difficile à observer.*

miel : les bons moments de la vie ; l'abondance. Voir *or.*

militaire : un officier représente votre guide intérieur. S'il s'agit d'une base militaire, ou si vous êtes sous les drapeaux, c'est le signe que vous vous imposez de sévères restrictions. Au lieu d'assumer vos responsabilités, de définir vous-même votre plan de vie, vous abandonnez votre pouvoir à autrui. Symbolise également le besoin d'autodiscipline.

minceur : symbolise la fragilité, le manque de force et d'endurance. Représente également une personne agile, souple et riche au plan spirituel.

mine : l'inconscient. Les trésors cachés au tréfonds de soi.

mirage : des idées fausses sur soi-même et sur les autres. Le Moi, les illusions projetées.

miroir : le Moi à la rencontre de lui-même. Le fait de voir le monde à travers ses propres schémas de comportement et ses propres attitudes. Peut également indiquer que vous êtes trop critique envers autrui et que vous feriez mieux d'analyser votre propre comportement.

moine : un maître plein de sagesse. Selon le contexte du rêve, peut signaler un être désemparé au plan sexuel et affectif.

moisson : le travail que vous avez effectué sur vous-même en est à son point culminant. *On récolte ce que l'on a semé.* Voir *jardin.*

momie : vous êtes emmitouflé dans vos propres schémas de comportement, croyances et habitudes. Vous avez perdu tout contact avec votre esprit créatif. Il est grand temps de revenir à la vie en vous débarrassant de votre embaumement.

monastère : une retraite spirituelle. La nécessité de regarder en soi, d'explorer l'aspect masculin de sa personnalité et de retrouver sa cohésion interne avant de s'aventurer dans de nouvelles leçons et expériences. Selon le contexte du rêve, peut indiquer que l'on refuse d'évoluer ou que l'on rejette sa vocation.

monde : la réalité que vous vivez dans la conscience spatio-temporelle. Votre propre univers - vos perceptions, convictions et limitations. Voir *terre.*

monstre : les peurs que vous créez vous-même et qui ont pris une ampleur démesurée en raison de soucis injustifiés et d'une trop grande attention accordée aux monde extérieur. Toute idée négative à laquelle on se cramponne prendra une ampleur monstrueuse. De toute façon, tout cela n'est que le fruit de votre imagination. Efforcez-vous de faire face à tout monstre apparaissant dans votre rêve. Demandez-lui quelle partie de vous-même il représente, quelle pensée, quelle croyance, ou quelle peur. Considérez ce monstre comme un ami qui est venu vous enseigner quelque chose, vous apporter un cadeau. Dessinez le monstre dès votre réveil : imaginez qu'il enlève son costume de monstre et que de petits êtres en sortent avec chacun un cadeau (une intuition profonde) pour vous. N'oubliez pas que tous les aspects d'un rêve ne sont que des représentations de vous-même.

montagne : perspectives, clarté, conscience spirituelle. Apercevoir une montagne dans le lointain indique la proximité d'expériences, d'opportunités et de nouvelles leçons enrichissantes. En choisissant l'ascension, vous avez choisi la bonne direction. Le fait de descendre indique que l'on a pris le mauvais chemin en ce qui concerne certains aspects de sa vie quotidienne.

montagnes russes : votre vie connaît des hauts et des bas prononcés. Vous devez maintenant rechercher l'équilibre.

montée : si vous vous dirigez vers le haut, c'est que vous êtes dans la bonne direction. Si vous descendez, c'est que l'orientation donnée à votre vie est mauvaise.

morgue : ce symbole représente ces aspects de vous-même qui ont disparu et qui ne sont plus nécessaires à votre évolution. Se trouver dans une morgue indique que l'on n'évolue pas ou que l'on n'utilise pas ses dons.

morsure : abordez résolument vos problèmes et les leçons de la vie. Voir *mâcher.*

mort : l'ancien est en train de disparaître ; préparez-vous à prendre un nouveau départ. La vie est un processus de mort et de renaissance dans une conscience plus élevée, l'ancien disparaissant peu à peu afin que l'évolution puisse se poursuivre. Au fur et à mesure que les fleurs tombent de l'arbre, celui-ci continue de croître et de se transformer. Chacune de ces "petites morts" renforce en réalité l'arbre, car la mort est un processus essentiel au déroulement du cycle de vie global.

mosquée : voir *église.*

moteur : une source d'énergie, une force vitale. Voir *énergie.*

motocyclette : vous avez besoin d'équilibre dans votre vie. Examinez minutieusement votre emploi du temps et vos activités quotidiennes.

mouche : la présence d'insectes dans un rêve signifie que vous vous laissez enquiquiner par de petits riens. *Des petits ennuis.*

mouchoir en papier : *remettre de l'ordre dans ses affaires.* Vous devez absolument résoudre les problèmes auxquels vous êtes confronté.

moustache : le pouvoir de communiquer clairement.

mouton : une confiance naïve et innocente, le fait d'abandonner toutes ses responsabilités à autrui. Vous devez prendre davantage conscience de votre berger intérieur (ou Moi supérieur) afin qu'il vous protège et vous guide. Par ailleurs, un agneau peut représenter un besoin de maternage et d'affection, ainsi qu'un désir de retrouver son innocence perdue, ce qui constitue une attente irréaliste et non souhaitable. Voir *agneau*.

mucus : libérer l'énergie refoulée.

muet : selon le contexte du rêve peut indiquer l'incapacité à exprimer ses besoins ou bien la nécessité de se taire pour mieux écouter la voix du dedans.

mulet, mule : symbolise l'entêtement, mais aussi la capacité de porter un lourd fardeau. Toutefois, il ne faut pas pour autant devenir un martyr ! Voir *animal*.

munitions : l'emploi de la force pour protéger ou détruire. Ce symbole peut être positif ou négatif. Les mots peuvent servir de munitions pour soutenir une cause ; les balles sont souvent les munitions de la violence. Réfléchissez bien : êtes-vous en train de rassembler vos forces pour une action positive, ou envisagez-vous de mettre vos pensées, paroles et actions au service d'une agression contre vous-même ou contre quelqu'un d'autre ?

mur : un blocage, un obstacle. Se fermer aux autres ne vous procurera aucune protection et ne fera que vous maintenir prisonnier dans des rôles rigides et dans votre peur. Symbolise la prise de risques, l'amour. *On peut abattre un mur ou le contourner en changeant ses croyances, ses attitudes.*

muscle : force, puissance, souplesse. *La force physique.*

musée : enseignement, connaissance. Intégration d'expériences diverses. Symbolise également le fait d'être en dehors du courant de la vie, les croyances et les schémas de comportement dépassés.

musique : la guérison, le courant créatif de la vie. La joie, l'élévation de l'âme. *Harmonie, paix et beauté intérieures.*

mystique : le Dieu intérieur, le Moi supérieur, le grand enseignant présent en nous tous. A travers le Moi mystique vous avez le pouvoir de guérir, de donner des conseils, de transmettre un enseignement, tant aux autres qu'à vous-même.

N

nager : tirer des enseignements des expériences affectives. *Comment rester à flot et comprendre son être profond dans les eaux émotionnelles de la vie.* Symbolise la maîtrise de ses émotions.

nain : des idées à courte vue. Vous n'utilisez pas votre potentiel. Vous n'élargissez pas vos horizons. Vous ne percevez pas les choses dans leur juste perspective.

naissance : prendre un nouveau cap, s'ouvrir à de nouveaux possibles. Voir *bébé.*

nature : un havre de paix, de repos, de rajeunissement et de rétablissement pour le corps, l'esprit et l'âme.

nausée : se débarrasser de toute la négativité refoulée. Vous avez traversé trop d'expériences sans les comprendre, des expériences auxquelles vous vous êtes cramponné si fort que vous en êtes devenu malade. Faites sortir tout cela, tirez-en des enseignements et allez de l'avant. Voir également *indigestion.*

nécrologie : la mort de l'ancien, qu'il s'agisse de croyances, de schémas de comportement ou d'attitudes.

neige : pureté, vérité, paix, relaxation. Une neige fraîche, immaculée, indique un nouveau départ, un regard nouveau sur votre univers. Voir *glace.*

nez : dans un registre humoristique, la leçon proposée est aussi évidente que le nez au milieu de votre visage, mais vous ne la voyez pas. Indique également que vous êtes un véritable fouineur, qu'il ne faut plus mettre votre nez dans les affaires des autres. *Trouver la bonne direction, suivre une piste.*

nid : le désir d'avoir une vie de famille, d'entretenir des relations, de se fixer quelque part. *Un sentiment de sécurité.* Le besoin d'avoir un endroit bien à soi. Une période d'incubation, un lieu de repos favorisant l'émergence d'idées nouvelles.

nirvana : voir *paradis.*

noël : célébration, découverte du pouvoir de l'amour, naissance spirituelle. Accéder ou faire accéder autrui à une conscience supérieure. Symbolise les liens passés qui vous unissent à votre famille ou à vos amis et le sens qu'ils ont donné à votre vie. Représente également vos ressources actuelles.

nœud : tension, stress, comme lorsqu'on a l'estomac noué par la peur. *Être bloqué*. La force, l'unité, la cohésion interne.

noir : représente les aspects inconscients et inconnus de notre être, entre autres ceux que nous avons rejetés en raison de notre peur. Voir *couleur*.

nom : entendre ou voir en rêve son propre nom signifie qu'il faut se monter attentif. Le nom d'une autre personne représente les qualités que vous lui associez et que vous devriez faire vôtres. Vérifiez le sens numérologique de votre nom ou de celui d'une autre personne en consultant les articles *alphabet* et *nombres*.

nombres : chaque nombre a une signification spirituelle, une vibration particulière, un message symbolique à vous délivrer. Additionnez les chiffres pour obtenir votre symbole (exemple : 28 = 2 + 8 = 10; 10 = 1 + 0 = 1).

Voici le sens de chaque nombre :

1 -un nouveau départ, l'unité avec le Divin, l'unité de toute les formes de vie.

2 - l'équilibre entre les énergies féminines et masculines ; ou bien la nécessité de trouver un équilibre dans un domaine quelconque de sa vie.

3 - la sainte Trinité, l'harmonie entre le corps, l'esprit et l'âme. Les rêves ont un message spirituel à délivrer.

4 - l'équilibre des énergies avec son compagnon (ou sa compagne) ; une relation qui tend vers l'équilibre parfait.

5 - des changements immédiats ou qui interviendront dans très peu de temps.

6 - la guidance, la Fraternité Blanche (les maîtres de la vérité) ; une étoile à six branches symbolisant l'équilibre parfait de l'homme - trois chakras au-dessus du chakra du cœur et trois chakras en dessous.

7 - le nombre mystique, le commencement et la fin de toute chose, les périodes cycliques d'évolution et d'expansion : il y a 7 chakras, 7 jours pour créer le monde, 7 cieux. Le cycle septénaire de la mort et de la renaissance.

8 - la conscience cosmique, l'infini.

9 - l'achèvement, la fin de l'ancien ; la triple trinité.
10 - un nouveau départ consécutif à une expérience vécue, un niveau de compréhension plus profond.
11 - le pouvoir d'exprimer de manière créative l'équilibre dynamique de son être ; une expression supérieure du chiffre 2. Un nombre maître.
12 - une union puissante d'énergies diverses ; par exemple, les 12 mois de l'année, les 12 signes du zodiac, etc. Les cycles d'évolution et d'expansion. Symbolise également le nombre 3, la trinité.
22 - l'expression spirituelle de l'équilibre et de l'intégration, tant en ce qui concerne les autres que soi-même. Le niveau supérieur du 4, un nombre maître.
33 - un maître spirituel ; la double trinité ; un nombre maître.
40 - l'énergie mystique ; le temps nécessaire pour reconstituer totalement ses forces, pour renouveler le corps. Les efforts que l'on fait pour élever sa vision des choses.
0 - la complétude, la perfection (pensons au cercle).

nombril : le lien avec l'être intérieur. Symbolise les mondes spirituels ou la corde d'argent qui relie l'âme au corps. Voir *plexus solaire*.

nord : obscurité, incertitude, ignorance. La prise de conscience d'un besoin d'aide spirituelle. Les émotions et les sentiments glacés. Si aller vers le nord implique une ascension, c'est que vous êtes dans la bonne direction.

nourriture : les nourritures physiques, mentales, émotionnelles ou spirituelles. Notez le genre de nourriture que vous mangez dans le rêve. Voir *manger*. Symbolise également tout ce qui alimente les pensées, les idées.

nourriture (manque de) : un manque d'amour, le fait de se couper de son énergie vitale. Enrichissez-vous grâce à la méditation, aux affirmations positives et à la relaxation.

noyade : un avertissement ; vous êtes en train de perdre pied en raison d'une surcharge affective. Sortez du brouillard, élargissez votre horizon, déridez-vous. Recherchez de l'aide si nécessaire. Votre état affectif doit changer. Il est temps de vous détendre, de jouer, et surtout, ne prenez pas les choses trop au sérieux.

nuage : un nuage léger indique l'accroissement de la conscience spirituelle, de la paix intérieure. Un nuage sombre signale une énergie faible, la dépression. Vous ne tirez pas les enseignements de vos expériences vécues. Un tempête affective est peut-être imminente.

nudité : être totalement exposé, ne pas dissimuler la vérité de son être. Un symbole positif.

nuit : ne pas voir les choses clairement ; le fait d'être coupé de sa lumière et de son guide intérieurs. S'aventurer dans des zones inconnues de son être.

O

oasis : un lieu pour panser ses blessures affectives. Un refuge.

obésité : voir *gros, gras, graisse.*

obscénité : des aspects inacceptables de votre être ou des aspects de vous-même que vous rejetez. Des désirs ou des représentations que vous ne comprenez pas sous leur forme symbolique. Aucune image n'est obscène dès lors que vous en comprenez le message sous-jacent.

obscurité : une vision obscurcie des choses ; vous ne percevez les choses qu'à travers des visions fugitives. Élevez votre niveau d'énergie pour avoir une perception plus claire de la réalité.

observation : si vous vous penchez sur une situation, c'est que vous apprenez vos leçons à travers l'observation. Vous devez intégrez l'essence de ce que vous observez. Voir *horloge.*

obstacle : des limites ou des croyances qu'il faut surmonter ou contourner pour pouvoir poursuivre sa route. La pensée créatrice est la clef du problème.

océan : l'océan de la vie. Une énorme énergie émotionnelle qu'il faut respecter et utiliser avec sagesse. *La source de votre énergie vitale.* Si vous êtes perdu en mer, c'est que vous êtes submergé par vos émotions. Voir *lac, mare, eau.*

odeur : la qualité d'une expérience, d'une idée. Un parfum enivrant ou une odeur repoussante. Si quelque chose sent mauvais, c'est que votre idée n'est pas bonne.

œil de verre : indique une vision claire des choses. S'il est brisé, c'est que votre vision des choses est en train de changer. S'il vous l'avez égaré, c'est que vous avez perdu votre aptitude à voir les choses clairement.

œuf : Se renfermer dans sa coquille. Vivre dans une réalité limitée. Autre sens : *les graines d'une vie nouvelle, prêtes à germer*. Voir *matrice*. Dans un contexte humoristique signifie "faire un bide" : remettez-vous en question et mettez de l'ordre dans vos affaires.

oiseau : la liberté spirituelle. La capacité de s'ouvrir à une conscience supérieure. Le fait d'être au-dessus des contingences matérielles.

olive : amour, paix. Symbolise des éléments nourriciers aux multiples usages. Voir *nourriture*.

ombre (l'): la peur, les illusions qui vous suivent partout. Une partie inconnue de vous-même. Ne craignez pas d'affronter l'obscurité et de la traiter en amie, car vous pourrez ainsi comprendre les enseignements qu'elle a à vous transmettre.

ombre (à l'): la protection, la fraîcheur que l'on trouve à l'ombre d'un arbre. Un abat-jour ou un store représentent tout ce qui vous empêche de voir la lumière. Voir *rideau.*

ongle : un protection pour les parties les plus tendres de l'être. Le développement, l'évolution en marche. Selon l'usage que l'on en fait, peut représenter la recherche de la cohésion interne, ou la volonté de se renforcer. Par ailleurs, se ronger les ongles indique que l'on se rend la vie bien plus difficile que nécessaire, que l'on ne voit pas clairement la réalité. Symbolise également une juste perception des choses, le fait de prendre la bonne direction.

onyx : la beauté et le pouvoir inconnus présents au fond de l'âme. Un aspect de la supraconscience mystique. Un onyx noir représente le joyau inconnu, la part mystique de l'être. *Un don spirituel.* Avec la clarté d'esprit, même cet onyx noir brillera.

opale : une qualité translucide indique que toutes les vérités irradient. Toutes vos facettes, tous vos talents sont à votre disposition. *L'être multidimensionnel.* Une grande beauté.

opéra : voir *chœur.*

opération : guérison, rétablissement. Vérifiez de quelle partie du corps il s'agit, voyez quel chakra est traité. Une grosse perte de sang signifie qu'il faut vous détendre et protéger votre énergie pendant que vous reconstituez votre intégrité physique, mentale et/ou spirituelle. Voir *corps*.

or : la lumière et l'amour Christiques. Un don Divin. Les grands trésors de l'être intérieur.

orage : une tempête affective. De nombreux changements se produisent en vous. *Nettoyage, purification : des émotions, des peurs et des angoisses refoulées remontent à la surface*. Le climat est sombre avant l'orage. Lorsque le ciel s'éclaircira, vous vous sentirez un autre. *Se libérer des frustrations*.

orange (couleur) : l'équilibre entre la paix et l'énergie (jaune et rouge). Un mélange de paix et d'amour.

orange (fruit) : prendre soin de soi. Peut indiquer que vous avez besoin des substances nutritives de l'orange. Voir *nourriture*.

orchestre : toutes les parties de votre être conjuguent harmonieusement leurs efforts.

ordinateur : votre esprit est un ordinateur. Vos pensées, mots et actes créent votre réalité. Faites attention à la qualité de vos programmes car ce sont eux qui détermineront votre existence future.

ordre : s'organiser, remettre de l'ordre dans ses affaires. *Un esprit clair*.

ordures : vos déchets émotionnels. Nettoyez tout cela, mettez de l'ordre dans vos affaires. Il vaut mieux se débarrasser des ordures que de les accumuler.

oreille : écoutez, soyez attentif à ce qui est en train de se produire. Voir *sourd*.

oreiller : un pont entre l'inconscient et le conscient. Le besoin de reposer son corps et son intellect et de puiser à des sources plus profondes de son être. Ralentissez votre rythme, vous verrez les choses plus clairement et vous apprendrez à mieux vous connaître. *Tendresse, douceur*. Voir *lit*.

oreillons : un manque de verbalisation. Un blocage au niveau du chakra du cœur. *Le refoulement*. L'accumulation de frustrations, de blessures et d'émotions. Voir *maladie*.

organes génitaux : l'énergie de la création et de la reproduction. La source de la *maya* ou illusion. Les émotions, les peurs et les espoirs liés à la sexualité, l'identité sexuelle. La nature féminine ou masculine. Voir *pénis*, *vagin*.

orgasme : si vous avez un orgasme durant un rêve, c'est sans doute que votre vie sexuelle vigile n'est pas assez active ou bien qu'il vous faut relâcher des tensions sexuelles trop fortes. Cela est nécessaire au corps pour qu'il conserve son équilibre et sa bonne santé. C'est pourquoi ce phénomène se produit souvent durant l'expérience onirique. Il est important de reconnaître notre nature sexuelle.

orgie : de nombreuses parties de l'être fusionnent, mais dans une confusion qui entraîne un gaspillage d'énergie. L'énergie sexuelle se disperse dans trop de directions. Prenez le temps de centrer vos énergies pour éviter l'épuisement. *Se complaire de manière excessive dans les plaisirs.*

Orient : se trouver en Orient ou n'importe où à l'étranger indique qu'une partie peu connue de votre être est en train de s'éveiller. L'Orient symbolise l'éveil spirituel. Voir *Est*.

ornement : quelque chose qui vous aide à vous sentir bien dans votre peau - une parure, par exemple. Une décoration sur un sapin de Noël symbolise un don spirituel.

ornière : vous êtes coincé dans vos habitudes, vos croyances, vos schémas de comportement. Symbolise l'ennui. Réveillez-vous et sortez de cette routine.

orphelin : voir *abandonné*.

orteil : maintient votre équilibre. Vous commencez à maîtriser les événements de votre vie. *Comprendre une situation*. Le gros orteil peut représenter l'hypophyse. Voir *pied*.

os : fondations, systèmes de croyances, force ou soutien. Un élément essentiel au bon fonctionnement de toutes les autres parties du corps.

otage : une partie de soi-même rejetée ou emprisonnée.

ouragan : des changements soudains et violents. Celui qui affronte délibérément une tempête affective au lieu de s'abriter dans l'œil du cyclone. Méditez et centrez-vous.

ours en peluche : câlins, chaleur, affection. Le besoin de s'aimer soi-même. Un retour à la notion fondamentale de l'amour inconditionnel. L'ours en peluche ne blesse pas, ne repousse pas les élans de tendresse et il ne vous répondra jamais de façon insolente. Symbolise également les aspects immatures d'une relation dépourvue de toute responsabilité et de tout échange.

ours : force, puissance. Représente une instabilité émotionnelle, non fiable. L'ours peut aussi bien se montrer violent qu'adorable, hargneux que charmant. Voir *animal.*

outils : les instruments nécessaires pour venir à bout de toutes ses peurs et atteindre ses objectifs. Vous disposez en vous-même de tous les outils nécessaires pour réparer, renouveler tout ce qui doit l'être et pour prendre un nouveau départ dans la vie. Symbolise l'apprentissage, l'évolution et la réalisation de tous vos désirs. Au travail !

ovaire : la source des nouveaux départs. Les graines de l'évolution.

ovale : nouveau départ, complétude, achèvement. *L'œuf, la matrice, le cercle.* Notez l'usage que l'on fait de l'objet en cause.

ovni : voir *avion.*

P

pacte : un pacte avec Dieu ou avec vous-même. Un engagement envers soi-même ou envers quelqu'un d'autre.

pagaie : voir *aviron.*

page : une page blanche indique que vous ne faites rien de votre vie. Lire une page, c'est avoir un aperçu du déroulement de sa vie jusqu'ici. Voir *livre.*

païen : un aspect indiscipliné de sa personnalité. Une incompréhension et un mauvais usage de l'énergie, à l'instar des anciens rites païens au cours desquels les hommes adoraient de faux dieux.

paille : (pour boire) : apprendre à contrôler ses émotions.

pain : la confraternité. Symbolise la certitude commune que nous faisons tous partie du corps Divin. *Le corps en tant que temple de Dieu.* Le processus d'apprentissage des leçons de la vie à travers la conscience du Divin. La méditation (ou communion avec Dieu) est le pain de la vie, la prise de conscience de notre union intime avec toute chose.

palais : le royaume magique au sein de l'être. *Une grande noblesse, un potentiel formidable.*

palourde : la difficulté à communiquer, le fait de tout garder par devers soi. Vous devez verbaliser davantage vos états d'âmes.

panier : les schémas de comportement, les idées et croyances auxquels vous vous cramponnez.

panique : voir *peur.*

pantalon : une protection des chakras inférieurs. Peut indiquer une sexualité que l'on veut cacher.

pantoufles : des rôles que nous interprétons. Le fait de choyer des aspects de notre être.

paon : un symbole de beauté et de fierté. Toutes les couleurs de l'arc-en-ciel.

pape : le guide intérieur, un maître spirituel. *Se conformer aux règles de quelqu'un d'autre.* Soyez à l'écoute de votre propre maître intérieur.

papier peint : redonner de l'éclat, refaire. Dissimuler ses sentiments profonds, son Moi authentique.

papier : un moyen d'expression, l'écriture. Des papiers éparpillés indiquent la nécessité de s'organiser.

papillon : une renaissance sous une forme supérieure ; la transmutation de l'énergie. La beauté qui découle de la confiance accordée au processus d'évolution, à ses hauts et à ses bas, avec la certitude que l'on parviendra à une conscience nouvelle et supérieure.

pâques : la renaissance spirituelle. Le cycle de la vie et de la mort, symbole de l'expansion et de l'évolution continues. Voir *résurrection.* S'il s'agit des oeufs de Pâques, représente une célébration, l'enjouement et la joie de vivre.

parachute : une aide est à votre disposition. Votre guide intérieur veille sur vous et vous protège. Autre sens : *il est temps de payer ses dettes.*

paradis : symbolise beaucoup de choses pour beaucoup de gens : réunion, repos, bonheur, allégresse, félicité, paix, illumination, compréhension, amour.

paralysie : votre peur vous rend temporairement incapable de fonctionner correctement, de voir clairement les choses.

parapluie : un abri, une protection contre une averse émotionnelle. Représente votre sphère d'activités, votre système de croyances.

parasite : quelque chose ou quelqu'un qui vous ronge et pompe votre énergie. Il peut s'agir de vos propres pensées négatives, de votre peur, ou de la relation que vous entretenez avec une autre personne. Voir également *sangsue*, *vampire.*

parc : un endroit de beauté, de récréation et de rajeunissement. Peut indiquer la nécessité de se détendre et de prendre le temps de respirer le parfum des fleurs. Notez si le parc est bien tenu ou s'il est envahi par les mauvaises herbes et comment vous vous sentez dans cet endroit (en paix ou inquiet). Ce symbole représente l'expérience d'une sensation profonde de bien-être et d'appréciation de soi.

parent : des aspects de votre être sont représentés par les qualités que vous associez avec tel ou tel proche. En fait, il est rarement question de cette personne mais presque toujours de vous-même.

parents : indique généralement que l'on est confronté à des aspects anciens de soi-même. Si des proches décédés apparaissent dans le rêve, il s'agit peut-être d'une véritable visite ou d'un message concret. Voir *masculin, féminin, frère, mère.*

parfum : douceur, luxe. *Se dorloter.* Voir *odeur.*

parking : peut signifier que vous faites du surplace et qu'il faut maintenant que vous vous leviez et alliez de l'avant. A l'inverse, c'est peut-être le signe que vous allez trop vite. Ralentissez votre rythme, garez-vous et reposez-vous. Reconsidérez avec minutie tout ce qui fait votre vie. Voir *voiture.*

passager : si vous êtes le passager d'un véhicule, c'est que vous suivez les idées des autres au lieu de suivre les vôtres. *Le refus de prendre son destin en main.*

passeport : le ticket de la liberté. Vous êtes libre de faire ce que vous voulez de votre vie. Vous pouvez réaliser tout ce que vous voulez.

pastels : une expression artistique colorée. Voir *art.*

pasteur : maître. Guidance. Peut refléter un rôle que l'on interprète ou que quelqu'un d'autre interprète, ou le fait de prendre soin d'autrui au lieu de s'occuper de sa propre évolution et de ses propres problèmes.

patins : si vous faites du patin à roulettes ou du patin à glace, c'est que vous devez trouver un équilibre dans votre vie. Vous n'assumez pas vos responsabilités, vous ne faites pas face à une situation, vous laissez tout vous glisser entre les mains.

patio : voir *terrasse*, *porche.*

patron : l'autocritique, qui peut aussi bien avoir une influence positive que destructrice. Les instructions utiles que vous délivre votre guide intérieur. La nature de la relation que vous entretenez avec votre "patron" intérieur.

pauvreté : le fait de ne pas utiliser son potentiel ou de ne pas se rendre compte de sa valeur. Le dénuement au niveau du corps, de l'esprit et/ou de l'âme. Méditez, rassemblez vos forces et utilisez vos talents.

paver : paver ou refaire le revêtement d'une route indique que l'on cherche à se faciliter la vie. Prenez le temps de préparer la voie avant de poursuivre votre chemin.

pays : faites la somme des chiffres qui, en numérologie, correspondent aux lettres du pays en cause et vérifiez-en la signification aux articles *alphabet* et *nombres.*

peau : protection, environnement. La façade que vous présentez au monde extérieur. La beauté n'a que la profondeur de la peau. Cherchez en vous-même les valeurs spirituelles. La mesure des émotions (avoir des frissons dans le dos, la chair de poule, etc.) Le point d'interpénétration des réalités internes et externes. *Un pont.*

pégase : inspiration. Voir *cheval, vol.*

peigne : démêler une situation. Se débattre dans une situation inextricable.

peinture : changement d'attitudes, purification, recommencement. Peindre une image représente une façon nouvelle se s'exprimer de manière créative. Notez la couleur.

pèlerin : celui qui explore des aspects inconnus de son être. Celui qui étudie la vie. La recherche de la vérité spirituelle. *L'introspection.*

pelouse : voir *herbe.*

pendu, pendre : se pendre est un acte de destruction engendré par la culpabilité et la peur. Symbolise un manque de verbalisation, le blocage de l'énergie dans le chakra de la gorge, l'accumulation du stress et des tensions. Débarrassez-vous de votre négativité, pardonnez-vous et pardonnez aux autres, et poursuivez votre chemin. Des vêtements suspendus représentent vos complexes et obsessions.

pendule : trouvez un équilibre dans votre vie, car pour le moment, vos pensées et vos émotions oscillent d'un extrême à l'autre. Il faut sortir du schéma action-réaction grâce à la méditation. Observez-vous et observez les autres sans entrer dans le jeu de quiconque.

pénis : procréation, pouvoir, agression. Tout ce qui est pénétrant - idées, etc. La masculinité. Symbolise votre vison du corps et de la sexualité. Considéré du point de vue de la conscience du second chakra ou chakra de la sexualité, le pénis se voit doté de plus de pouvoir et d'importance que ce n'est justifié. Voir organes *génitaux, vagin, masculin, féminin.*

pension alimentaire : les conséquences d'une mauvaise action (ou karma). Le fait de "payer" pour vos actes passés, pour des engagements ou des accords que, à un moment donné, vous n'avez plus respectés.

pente raide : si vous remontez la pente, c'est que vous avez fait de gros progrès sur le chemin de la vie ; si vous la descendez, c'est que vous vous précipitez dans la mauvaise direction.

perdu : vous avez du mal à trouver un sens à la vie et à programmer votre existence. *Indécision.* Symbolise un manque de clarté dû à un manque d'énergie. Méditez et demandez conseil à votre guide intérieur.

Père Noël : un façon humoristique de vous annoncer un cadeau.

père : les aspects virils et matures de l'être. *Le vieux sage au fond de soi.* Des qualités attribués à Dieu, le protecteur et le pourvoyeur de toute chose. Peut symboliser également les qualités que l'on projette sur son propre père ou sur une figure paternelle.

péril : prudence. Considérez attentivement l'orientation de votre vie.

perle : la beauté intérieure. Tout ce qui est beau, précieux, fort. Voir *bijoux.*

perles : symbolise la nécessité de l'introspection. Voir *art.*

permis, permission : se donner la permission d'être heureux, de réussir et de maîtriser sa vie. *Connais-toi toi-même.* Osez être vous-même. Un permis de conduire symbolise votre identité.

perroquet : commérages. Celui qui répète tout ce qu'il entend et qui parle sans arrêt. *Il faut tourner sept fois sa langue dans sa bouche avant de parler.*

perruque : utiliser son pouvoir de diverses manières.

peste : voir *maladie.*

pétard : une énergie mal orientée.

peur : côtoyer de très près la vérité tout en ayant peur de la connaître. L'autre face de la peur est la lucidité. Découvrir avec appréhensions des aspects inconnus de soi. Les mécanismes de résistance. Il faut faire face à toutes ses peurs si l'on veut qu'elles disparaissent. Bien qu'il représente ce que vous craignez le plus, le changement constitue paradoxalement la seule raison de votre présence sur terre.

photographie : votre vision actuelle des choses. Si une photo réveille un souvenir du passé, c'est parce qu'aujourd'hui il vous faut enfin tirer les enseignements d'une expérience similaire.

physionomie : le reflet du Moi profond. L'image que vous avez de vous-même et celle que les autres ont de vous.

piano : harmonie, équilibre, créativité. Si vous jouez faux, trouvez l'harmonie avec vous-même et avec ce qui se passe autour de vous. Les huit notes de la gamme représentent la conscience spirituelle, l'élévation de l'âme. Voir *musique.*

pièce de monnaie : voir *argent.*

pièce de théâtre : assister à une pièce de théâtre signifie que l'on assiste au déroulement de sa propre vie. N'oubliez pas que vous êtes le scénariste, le metteur en scène et le producteur de votre vie. Si vous n'aimez pas le spectacle qui s'offre à vos yeux, vous êtes libre d'en changer le scénario ou de produire une nouvelle pièce, complètement différente. Si vous jouez dans une pièce ou si vous êtes en train de vous amuser, c'est que vous devez reconstituer vos forces, vous détendre et chasser de votre esprit toute idée de compétition et de lutte.

pièce (maison) : un aspect de soi. Voir *maison.*

pied : se centrer, trouver son équilibre. Les centres nerveux et les points réflexes les plus importants se situent dans les pieds ; ils jouent un rôle vital dans la circulation de l'énergie, dans l'équilibre et la guérison du corps. Si votre pied gauche est blessé, c'est que vous ne voulez rien recevoir. Si votre pied droit est blessé, c'est que vous ne renouvelez pas suffisamment l'énergie que vous dépensez. Se laver les pieds signifie "guérison". Voir le contexte du rêve. Être pieds nus indique que l'on est bien centré et bien ancré sur terre. Voir *corps.*

piédestal : honneurs, reconnaissance. Symbolise également le fait d'abandonner son pouvoir à quelque chose ou à quelqu'un, en les mettant sur un piédestal. *Nous sommes tous égaux.*

piège : se confiner soi-même dans des limites étroites. Les pièges sont vos propres créations. Vous vous sabotez vous-même à travers le doute, l'insécurité et la peur. Reprenez votre pouvoir et osez être vous-même. Sachez que les pièges sont le miroir de vos illusions.

pierre précieuse : voir *bijou.*

pieuvre : si la pieuvre nage, c'est le signe d'une harmonie et d'un équilibre parfaits dans votre vie affective, d'une conscience cosmique de votre liberté de mouvement symbolisée par les huit tentacules de la pieuvre. Si la pieuvre tente de s'emparer de différentes choses, c'est que vous vous dispersez trop et ne maîtrisez plus votre vie. Une pieuvre qui émerge des profondeurs des fonds marins sous une apparence effroyable indique une terreur face à ses propres abysses émotionnelles inconnues.

pigeon : un messager. Vous allez recevoir un message, peut-être plus tard en rêve, ou alors durant l'état de veille. *Vol et liberté*. Un pigeon appelant indique que vous colportez des commérages. Surveillez vos paroles.

pile : l'énergie vitale, le lien avec son Moi Divin. Symbolise la recharge régulière de votre "batterie" grâce à la méditation, car sans énergie il n'y a pas de compréhension profonde.

pilier : force, soutien, leadership. Être indépendant et capable de défendre fermement ses convictions et ses vérités profondes.

pillage : une perte d'énergie. Efforcez-vous de découvrir à qui vous abandonnez votre pouvoir.

pilule : dans un registre humoristique, signifie que vous êtes une vraie "plaie". Vous devez changer de comportement. Autre sens : *la pilule est dure à avaler, vous êtes pris à votre propre jeu (votre karma)*. Symbolise la guérison.

pin : mis à part le séquoia, cet arbre est le plus grand conducteur d'énergie. Voir *arbre*.

pinceau : un outil pour s'exprimer de manière créative.

pingouin : un oiseau aquatique ratite. Il vous représente lorsque vous êtes en proie à de vives émotions. Le blanc et le noir indique que l'on cherche à équilibrer les énergies - yin et yang, féminin-masculin, négatif-positif, etc.

pionnier : explorer l'inconnu. Rechercher de nouvelles manières de penser, de ressentir et de s'exprimer, ou bien le besoin d'agir ainsi. Voir *pèlerin*.

pipe : fumer une pipe indique la nécessité de se détendre, de se relaxer. Voir *cigarette*.

piqûre : une injection d'énergie. Une guérison. Si vous vous injectez de la drogue ou un poison mortel, c'est que vous êtes en train d'infecter votre esprit avec des pensées destructrices et dangereuses. Représente des interférences avec le corps éthérique, des trous dans l'aura, le fait de perdre son énergie.

pirate : une partie de vous-même, quelque chose ou quelqu'un vous vole votre énergie. Voir *cambrioleur*.

piscine : un miroir. Une piscine suggère le repos, la relaxation, l'exercice physique salutaire. Voir *étang*.

piste : suivre le bon chemin de l'évolution. Ce symbole indique que vous devez suivre ce chemin et n'en pas dévier. Voir *voie de chemin de fer.*

pistolet : voir *fusil.*

placard : un endroit pour ranger ses attitudes, idées et souvenirs. Dans tout ce fouillis, il y a probablement du ménage à faire. Symbolise également le fait de s'isoler des grands courants de la vie sociale.

plafond : frontière ou protection. Vous êtes trop grand pour votre enveloppe protectrice. Pour conserver son bien-être, il est important de comprendre le rapport entre le besoin de protection et le besoin d'expansion.

plage : une frontière ou un pont entre le conscient et l'inconscient. Être sur une plage vous permet de puiser dans la mer une formidable énergie tout en utilisant le pouvoir de l'inconscient pour vous centrer et actualiser vos objectifs. L'énergie du sable est curative et permet de se centrer. Se retrouver rejeté sur la plage par une vague signifie que l'on a maintenant le temps de reconstituer ses forces après une période difficile au plan affectif. Si vous vous retrouvez abandonné sur une plage déserte, c'est que vous vous êtes coupé des riches ressources de votre inconscient. Cherchez en vous-même, et vous trouverez la solution.

plancher : fondations, soutien ; ce sur quoi l'on fonde sa vie. S'il s'agit d'un plancher en terre battue, c'est que les fondations que vous édifiez sont mauvaises.

planète : une idée, une intuition qui revêt une grande importance. Symbolise un enseignant, un flambeau de la connaissance. Chaque planète recèle une intelligence (ou vibration) et est en interconnexion avec tous les autres corps célestes. Représente la vitesse vibratoire particulière qui vous relie aux autres, l'influence cosmique, l'énergie et la conscience élargie des espaces intersidéraux et l'harmonie de la mécanique céleste. *Le but, le dessein.* La nuit, durant notre sommeil, nous quittons notre corps pour recevoir un enseignement spécifique sur différentes planètes, lesquelles constituent les écoles les plus avancées :

Le soleil - lumière, vérité, centre spirituel, force Divine, lumière Christique ; pouvoir, énergie, masculinité. Toutes les formes de vie dépendent de sa lumière. *L'essence de notre énergie vitale.*
La lune - l'inconscient, les émotions, la sensibilité, la conscience métapsychique ; la féminité, l'intuition, la créativité. *Le miroir de la lumière et de la vérité.*
Mercure - l'esprit, la pensée, la communication, l'intuition, l'inconstance. *Le messager des dieux.*
Venus - l'amour, la beauté, l'harmonie, la douceur, l'émotion, la féminité.
La terre - l'évolution, l'apprentissage, la conscience de l'ici et maintenant, la conscience spatio-temporelle ; la centralité, la compassion, la créativité.
Mars - l'activité, l'aventure, l'assurance, l'énergie sexuelle ; l'agressivité, l'hostilité, la passion.
Jupiter - l'expansion, la richesse, l'abondance de connaissances spirituelles et la richesse de leur expression ; la bienveillance, la chance.
Saturne - la discipline, l'apprentissage, la lenteur du temps et des réalisations ; la subtilité.
Uranus - l'éveil, la transcendance, les variations, les changements, les chocs émotionnels ; les facultés extrêmes et hors du commun.
Neptune - l'inconscient, le mysticisme, le Moi profond, la conscience métapsychique.
Pluton - le développement de la conscience, la transformation, l'expansion spirituelle.

planeur : être soutenu, se laissé porté par les vents. Les vents du changement soufflent sur vous ; vous pouvez vous laisser porter par eux, planer, piloter à votre gré, mais vous ne pourrez pas en changer la direction. Tout sera simple et facile si vous vous détendez et si vous vous laissé porté par les courants. Voir *avion.*

Plantes (végétaux) : évolution. Selon leur nombre, leur taille et leur qualité, les plantes représentent des aspects différents de votre évolution.

plantes (médicinales) : guérison, apaisement, énergie. Vous devez vous reposer et prendre soin de vous.

plastique : tout ce qui est artificiel. *Souplesse, faculté d'adaptation, insensibilité.*

plat : le "convoyeur" de notre nourriture spirituelle. Un plat cassé signifie que l'on nie l'existence d'une partie nourricière et bienveillante de soi-même.

plateau : le nécessité de prendre soin de soi.

pleurs : le fait de se libérer du stress, des tensions et des frustrations. S'il s'agit de larmes de joie, c'est sans doute que l'on est en train de résoudre un problème, d'éliminer des blocages. Sinon, il peut s'agir d'une décharge affective suscitée par l'émerveillement, la découverte et l'intégration dans le courant la vie.

plomberie : le système interne de nettoyage et de décharge. Si les tuyaux sont obstrués, c'est que vous refoulez vos émotions et refusez de remettre de l'ordre dans vos affaires.

pluie : un nettoyage pour préparer votre développement affectif. Un gros orage indique l'imminence de changements - peut-être difficiles - au plan émotionnel, mais tout cela est provisoire.

plume : légèreté, pensées positives. Une plume sur votre chapeau signifie un travail bien fait, une qualité ou un talent bien exploités.

pneus : mobiliser son énergie. Si vous avez un pneu à plat, c'est que vous êtes déséquilibré. Regonflez-vous d'énergie.

poche : un endroit pour se cacher et cacher quelque chose. Le fait de dissimuler un aspect de soi-même, de camoufler son identité au regard des autres. Quelque chose que vous portez sur vous et que vous estimez indispensable. Un endroit pour mettre quelque chose en lieu sûr.

poème : inspiration, créativité. Un message de votre guide intérieur.

poignée : une protection. Soyez vigilant durant votre travail. "*A manipuler avec précaution*".

poison : des pensées négatives. La peur et la critique sont les plus grands poisons contre lesquels vous devez vous immuniser.

poisson : la nécessité de méditer, les nourritures spirituelles. Plus le poisson est gros, et plus il faut méditer. Symbolise également quelque chose de louche ou de douteux.

poitrine : représente le chakra du cœur, Dieu ou le centre d'amour présent en nous.

poivre : un stimulant. Des idées et des émotions enflammées.

police : vous trouverez de l'aide. *Le guide intérieur.*

pollen : répandre quelque chose autour de soi, partager. *Une profusion d'idées nouvelles.* Représente également quelque chose d'irritant.

pollution : la nécessité de "dépolluer" ses pensées, ses paroles et ses actes.

pomme : une influence salutaire. Une compréhension nouvelle des choses ; des connaissances et une sagesse plus grandes. *Énergie et autodétermination.* L'état de la pomme - mûre, belle, pourrie ou véreuse - vous indiquera si vous êtes ouvert à une énergie et à des intuitions nouvelles ou bien s'il faut que vous vous débarrassiez de la négativité présente en vous.

pompier : votre guide intérieur, votre Moi supérieur. La partie de votre être capable de purifier et d'éliminer les attitudes et croyances négatives.

pont : une transition, le fait d'abandonner l'ancien pour se lancer dans le nouveau. Une possibilité nouvelle d'évoluer ; une nouvelle direction donnée à sa vie. Ce symbole peut représenter le fait de jeter un pont entre les différents niveaux de conscience, entre le niveau créatif/intuitif et le niveau intellectuel.

port : un havre de paix après une tempête émotionnelle. Après réparation des dégâts et après s'être reposé, il faut reprendre la mer si l'on poursuivre son évolution.

porte : une occasion de se découvrir soi-même. Si la porte est ouverte, entrez ; si elle est fermée, examinez la peur ou le blocage qui vous empêchent d'avancer.

porte-documents : des éléments de votre identité personnelle et de vos schémas de comportement que vous emportez partout avec vous.

portefeuille : identité. Voir *porte-monnaie.*

porte-monnaie : votre identité. Si vous perdez votre porte-monnaie, c'est que vous n'êtes pas sûr de votre identité. Peut signifier que vous abandonnez votre pouvoir aux autres, ou que vous traversez une phase transitoire avant d'intégrer une nouvelle image de vous-même.

portier : votre guide intérieur vous montre la voie à travers les leçons qui sont nécessaires à votre évolution.

portrait : se dépeindre tel que l'on se voit. Si vous ne vous reconnaissez pas dans votre portrait, c'est qu'il s'agit d'un aspect de vous-même qui vous est encore inconnu au niveau conscient.

postier : des nouvelles ou des messages, généralement bien accueillis. Peut indiquer que le rêve suivant sera particulièrement important et qu'il vous transmettra des informations de votre guide intérieur.

potier : vous êtes le mouleur de votre vie. Vous pouvez créer tout ce dont vous avez envie.

poubelle : des idées, attitudes et croyances dont vous vous débarrassez parce qu'elles sont désormais inutiles. Une négativité, des pensées immorales qu'il faut à tout prix éliminer. Toutes les expériences et les schémas de comportement dont il faut se purifier et se débarrasser afin de pouvoir construire une existence positive et constructive.

poudre : s'il s'agit d'un mélange, il peut s'avérer dangereux (comme la poudre à canon), ou bien thérapeutique ou enrichissant, selon les substances utilisées. Le fait de se farder suggère un masque, l'incapacité à percevoir sa beauté intérieure. Dans un registre humoristique, peut indiquer une permission ou un départ soudain comme dans l'expression "prendre la poudre d'escampette".

poule : être une mère poule, autoritaire, manipulatrice, suprotectrice. Voir *poulet.*

poulet : apparaît généralement dans le rêve sous une forme humoristique : peut symboliser un mari mené par le bout du nez, ou le fait de renoncer à ses prérogatives. Représente une personne craintive et instable qui manque de confiance en elle. *La lâcheté, l'incapacité à affronter les problèmes.* Voir *poule* et *nourriture.*

pouls : les battements de votre vie. Le rythme, l'harmonie. La force de l'énergie vitale.

poumons : purification. Voir *cœur*, *chakra.*

poupée : le sens dépend du genre de poupée ; une poupée adorable symbolise un besoin d'amour et de maternage ; un poupée de type Barbie signifie que vous êtes en train de jouer un rôle et de refouler votre être authentique.

pourriture : les pensées négatives ; les parties malsaines de l'être. Les compétences et les facultés gâchées parce que non utilisées. Faites votre introspection, purifiez-vous, découvrez votre potentiel et efforcez-vous d'adopter une attitude positive.

poussière : l'ancrage dans la réalité. Mettre ses mains dans la poussière ou dans la terre a un effet curatif et équilibrant sur le corps. S'il s'agit d'un plancher en terre battue, vous devez renforcer les fondements de votre vie ; s'il s'agit d'un chemin de terre, votre parcours sera mouvementé mais vous arriverez à bon port. De grands espaces poussiéreux dépourvus de toute végétation indiquent que votre évolution est en partie bloquée. Si quelque chose est recouvert de poussière, c'est que vous devez remettre de l'ordre dans vos affaires.

prairie : un lieu de repos, de détente, un endroit sûr qui récompense vos efforts, tant en ce qui concerne votre évolution que vos réalisations. Une période heureuse au cours de laquelle vous reconstituez vos forces avant d'escalader la montagne suivante - la prochaine étape de votre apprentissage.

prémonition : rêver d'un événement précis qui ne s'est pas encore produit symbolise d'ordinaire votre propre évolution. Ainsi, par exemple, rêver qu'un proche est en train de mourir indique généralement que le type de relation que vous entreteniez jusqu'ici avec lui est en train de changer ou de disparaître. C'est un rêve commun chez les adolescents lorsqu'ils accèdent à l'âge adulte. Avec un peu d'expérience, les rêves prémonitoires et le niveau de conscience qui leur est associé sont aisément reconnaissables. Si vous avez du mal à comprendre le rêve, interprétez-le à la fois symboliquement et littéralement, et demandez des éclaircissements supplémentaires lors d'un rêve ultérieur.

préservatif : voir *contraception.*

pression : tensions, stress, surcharge affective. Relaxez-vous, détendez-vous. Examinez minutieusement vos activités quotidiennes.

prestidigitateur : vous essayez de vous mystifier vous-même ou de tromper quelqu'un d'autre. Vivre dans un monde imaginaire, être perdu dans ses illusions, se complaire dans les manigances. Symbolise également le bateleur du Tarot divinatoire qui maîtrise tout aussi facilement son univers intérieur que le monde extérieur avec sa faculté de transmuter l'énergie. Si en rêve vous sortez un lapin d'un chapeau, c'est le signe que vous aurez besoin d'une idée ingénieuse pour vous sortir d'une situation, mais cela est à votre portée.

prêtre : le Moi supérieur, un maître spirituel, votre guide intérieur. Voir *moine.*

prière : devenir plus lucide, clarifier ses objectifs, ses besoins et ses désirs. Dieu sait ce que vous voulez, mais vous devez le savoir vous-même pour être en mesure de le manifester. Représente le besoin de prendre davantage de temps pour vivre sa vie spirituelle. *La communion avec son Moi supérieur.*

primates : le pouvoir, la force et la sexualité instinctuelles ou primitives. Les pitreries amusantes, le fait de singer les autres plutôt que de rester soi-même. Voir *animal.*

prince : voir *masculin.*

princesse : voir *féminin.*

printemps : reconstituez vos forces et mettez-vous en route. Allez de l'avant, évoluez, prenez un nouveau départ. Abandonnez l'ancien pour le nouveau. Utilisez vos réserves d'énergie pour entreprendre de nouveaux projets. Voir *saison.*

prise de courant : la méditation est l'outil qui vous permettra de recharger vos batteries.

prison : des limitations engendrées par l'inaction. Seule la pensée créatrice vous permettra de sortir de votre prison. Fixez vos objectifs, puis allez de l'avant. Prenez votre destin en main.

prisonnier : voir *criminel.*

prix : gagner un prix signifie que vous avez fait du bon travail en gérant au mieux une situation ou en tirant les enseignements d'une expérience douloureuse. Cette reconnaissance provient des niveaux supérieurs de la conscience.

procès : traverser une épreuve existentielle. La nécessité de prendre du recul par rapport aux événements afin de tirer les enseignements de ses expériences.

procureur : le guide des lois universelles. Les conseils. Le fait de reconnaître et de comprendre la différence entre les lois universelles et les lois humaines.

produit chimique toxique : voir *poison.*

produits de beauté : renforcer l'image de soi afin de renforcer sa confiance. Symbolise également le refus de connaître son Moi profond, sa beauté intérieure. Si vous êtes lourdement maquillé, c'est que vous refusez de reconnaître votre véritable valeur, que vous vous dévaluez en vous polarisant sur les valeurs du monde extérieur plutôt que sur vos richesses intérieures.

promenade : si vous vous promenez en voiture sans tenir le volant, essayez de découvrir qui dirige votre vie, ou bien quel aspect de vous-même vous montre la voie. Autre sens : *vous avez été mené en bateau, dupé.* Observez les différents véhicules pour comprendre le sens du rêve. Une promenade à cheval indique l'union avec la nature, la liberté, l'harmonie.

prophète : le sens du mysticisme, la guidance, le Moi supérieur. *Un maître à la connaissance profonde.*

propreté : redonner de l'éclat à des aspects "défraîchis" de soi-même. Retrouver l'éclat du neuf. Voir *lavage.*

prostituée : le fait d'utiliser à mauvais escient son énergie pour obtenir quelque chose que l'on désire. En n'utilisant pas vos facultés créatrices à leur maximum, vous gâchez vos talents et vos dons et vous compromettez vos idéaux. Osez être vous-même !

proverbe : un enseignement et un message pleins de sagesse.

psychologue : une partie de soi-même pleine de sagesse et de compréhension.

public : une occasion de s'exprimer et d'être entendu. Diverses parties de l'être sont prêtes à intégrer des éléments extérieurs et à prendre une nouvelle direction, aussi peut-on s'engager dans de nouvelles aventures. Si le public n'écoute pas, c'est que des parties de vous-même ne veulent pas entendre parler des changements nécessaires et désirent encore moins les mettre en œuvre. Ce n'est qu'en s'aimant et en s'acceptant soi-même que l'on peut capter leur attention.

publicité : soyez attentif. Votre Moi supérieur (ou votre guide intérieur) est en train de vous envoyer un message.

puits : le réservoir, la source de vos sentiments profonds. "Tirer" ses émotions pour les remonter à la surface. La fontaine de l'espoir véhicule cette idée : en se concentrant sur un vœu et sur une attente on pourra réaliser ses espoirs et ses rêves.

purgatoire : purification, nettoyage. Vous devez examiner sérieusement les pensées et les schémas de comportement négatifs qui ont jusqu'ici limité votre évolution.

puzzle : le fait de ne pas avoir une vision globale des choses, de ne distinguer que des morceaux épars du puzzle de sa vie. Le fait de concevoir la vie comme un puzzle. *Manquer de clarté.* Centrez vos énergies, concentrez-vous sur votre problème et vous aurez la réponse.

pyjama : le rôle que vous interprétez dans votre chambre à coucher. Indique également le besoin de sommeil et de rajeunissement. Voir *lit.*

pyramide : un pouvoir mystique, une initiation. Vous avez fait du bon travail, vous avez passé avec succès une épreuve importante.

python : tout serpent est un symbole des forces de la kundalini (ou l'énergie vitale interne). Si un python est en train de vous étrangler, c'est que votre voyage spirituel est en train de vous étouffer. Vous avez perdu votre équilibre. Ne soyez pas obsédé par l'idée de spiritualité. Le physique, le mental, l'émotionnel et le spirituel font partie d'une grande et unique énergie cosmique. Vous devez trouver un bon équilibre avant de pouvoir quitter le plan terrestre. Voir *serpent.*

Q

quarante : un nombre mystique indiquant le temps nécessaire pour recharger complètement le corps. *Une période de repos, de relaxation, de nettoyage et de purification.*

quartz : voir *cristal.*

quête : partir à la recherche de soi-même en choisissant la mauvaise route. *Cherchez en vous-même.*

queue : fermer la marche. Tout ce qui se trouve à l'arrière. Vous suivez le mouvement, mais sans enthousiasme ni confiance. *Vos expériences passées.* Voir *dos.*

quille : la source des émotions. Voir *bateau.*

quincaillerie : les outils qui vous permettent de construire votre vie. L'aptitude à construire et à réparer. Les aspects pragmatiques de la vie. La colle qui soude divers éléments en un ensemble cohérent. *Les outils de la connaissance.*

R

rabin : un maître, votre Moi supérieur. Voir *pasteur.*

racine : les fondations de votre être. Un lien qui vous relie aux niveaux les plus profonds de votre être. Des racines profondes indiquent que l'on tient bon face aux changements et aux événements de la vie. Représente une sorte de palpeur à la recherche de nourriture. *La racine d'un problème.*

radar : énergie, connaissance profonde, harmonie, intuition.

radeau : naviguer sur les eaux émotionnelles. Attention, ce ne sera sans doute pas une croisière de tout repos. Voir *bateau.*

radiateur : le besoin de chaleur, d'amour et de soins. L'amour de soi et la recherche du bien-être. Peut signifier que vous refoulez vos émotions. C'est l'époque du dégel, exprimez vos émotions et tournez-vous vers l'amour.

radio : un message de votre guide intérieur ou de votre Moi supérieur.

raisins : les nourritures de l'âme. *Les vendanges de la douceur.* Voir *fruit.*

randonnée : reconstituer ses forces pour retrouver la clarté d'esprit. *Un rajeunissement physique et mental.*

rapports sexuels : une fusion d'énergies, de qualités ou d'aspects de son être profond. Avoir des rapports sexuels avec une personne précise indique que l'on mélange ses propres qualités avec les siennes. Il faut savoir que ce genre de rêve n'est généralement pas un rêve érotique. Avoir des rapports sexuels avec une personne de son sexe indique une fusion des aspects féminins ou masculins de son être. Enfin, ce symbole peut aussi indiquer la nécessité de satisfaire certains désirs sexuels refoulés pour retrouver son équilibre physique.

raser (se) : soigner son image, renforcer l'image que l'on a de soi-même. Un crâne rasé représente la reconnaissance des plans spirituels supérieurs. Symbolise également un ennui évité de justesse. Voir *cheveu.*

rasoir : un esprit vif et clair. La frontière à peine perceptible qui sépare le vrai du faux. Voir *couteau.*

rat : se trahir soi-même. Symbolise les commérages, le fait de juger les autres. *Se laisser ronger par ses soucis.* Efforcez-vous d'identifier le problème et d'y remédier.

raton laveur : le refus de laisser les autres deviner vos intentions. *Une honnêteté approximative.* Le raton laveur a des yeux perçants, mais ils sont dissimulés au regard des autres.

rayons x : une énergie concentrée, pénétrante. Les radiations électromagnétiques. Une vision plus claire de son être profond. Regardez en vous-même, ne restez pas à la surface des choses. *La connaissance exige une plus grande profondeur de vues.*

raz de marée : un énorme bouleversement au plan affectif. Observez bien ce qui est en train de se passer. Efforcez-vous de résoudre vos problèmes, ne les laissez pas vous submerger.

récolte : on récolte ce que l'on a semé. Représente l'évolution personnelle fondée sur l'amour de soi et l'enrichissement personnel. Une petite récolte indique que vous avez négligé vos talents et facultés, que vous ne savez pas vous apprécier à votre juste valeur et que vous ne vous aimez pas assez.

récompense : représente quelque chose que vous avez mérité - connaissance profonde, évolution, aptitude. Vous avez bien travaillé, aussi prenez un peu de repos et soyez fier de vous. Félicitez-vous d'avoir accompli du bon travail.

réfrigérateur : vous "gelez" vos sentiments. La froideur émotionnelle. Le manque d'affection, de chaleur.

régime : la recherche de l'équilibre alimentaire ; le besoin de trouver l'équilibre au niveau des nourritures spirituelles, émotionnelles, physiques et mentales. Les régimes sévères ou rigides trahissent des conduites autopunitives. La clef du succès est la modération.

reine : selon le contexte du rêve, peut représenter la guidance, des capacités de leader, ou des qualités féminines puissantes qui émergent dans la conscience.

religieuse : un maître. Les qualités spirituelles au sein de l'être. Le célibat. Si la religieuse est vêtue de noir, c'est que l'on est coupé du monde matériel. Symbolise également le fait d'ériger un mur entre soi et les autres. Le noir bloque l'énergie et les chakras.

remise des diplômes : du bon travail ; vous êtes prêt pour la prochaine étape de votre évolution car vous avez bien appris vos leçons.

renaissance : l'éveil spirituel. La naissance d'idées et d'intuitions nouvelles. La conscience de soi. Voir *résurrection.*

renard : la ruse, les manipulations, un caractère retors. Voir *animal.*

renne : symbolise le fait d'abandonner une partie de soi-même. S'il s'agit du renne qui tire le traîneau du Père Noël, c'est que vous devez laisser briller votre lumière intérieure et oser afficher vos différences. *Montrez le chemin.* Voir *cerf.*

renverser (quelque chose) : un manque de lucidité. *Éparpiller son énergie, manquer d'attention.*

réparation : quelque chose qui a besoin d'être réparé. Un aspect de votre vie que vous devez analyser minutieusement, réparer, ou dont vous devez recoller les morceaux. Vous avez du pain sur la planche. C'est l'heure des réparations. La clarté vient avec la compréhension de la situation et la volonté déterminée d'y remédier.

reptile : froid, insensible. Voir *serpent.*

requin : un grand danger menace votre corps émotionnel. Ce symbole recommande généralement la prudence : ne plongez pas dans les eaux émotionnelles ainsi que vous l'envisagiez car sinon vous subiriez une perte substantielle d'énergie. Votre équilibre affectif est menacé. Prenez votre destin en main.

réseau, toile : un réseau ou un enchevêtrement. Voir *araignée.*

réservoir : un endroit où stocker ses sentiments, idées, attitudes et émotions.

réservoir à gaz : vos réserves d'énergie.

réservoir d'eau : symbolise l'accumulation ou le refoulement des émotions. *Lourdeur d'esprit.*

restaurant : de nombreuses possibilités vous sont offertes concernant votre subsistance et votre enrichissement personnel. Symbolise le besoin d'être materné, de communiquer, ou bien la communion entre des gens qui partagent les mêmes problèmes. Si vous mangez un aliment particulier, c'est que vous avez sans doute besoin de ses vitamines et minéraux.

résurrection : comprendre la vie, la mort et la renaissance. Prendre conscience que ce que nous appelons la vie n'est qu'illusion. Transcender la troisième dimension afin de pouvoir œuvrer à tous les niveaux vibratoires. Symbolise l'illumination, la faculté de transcender toutes les dimensions quand on le désire, l'éveil de sa nature spirituelle, qui représente la notion très mal comprise du second avènement du Rédempteur. Rêver de résurrection signifie que l'on a retrouvé des intuitions, une énergie, une conscience, une indépendance qui étaient les nôtres lors d'expériences passées, et ce, sur de nombreux plans différents.

retard : une occasion manquée. *Indiscipline, irresponsabilité.* Il n'y a pas une minute à perdre.

retraite : une énergie faible, le besoin d'être materné. Si vous refusez de faire face à une situation, c'est que vous n'avez pas suffisamment d'énergie pour l'affronter et que vous avez besoin de reconstituer vos forces. Faire une retraite spirituelle ou se trouver dans un lieu de repos suggère le besoin d'introspection et celui de puiser dans ses ressources intérieures une compréhension nouvelle des choses. *La guérison.*

rêve : rêver que l'on est en train de rêver est le signe d'une conscience plus aigüe durant l'expérience onirique. Lorsqu'on réalise que l'on est en train de rêver, on peut alors contrôler le déroulement de son rêve et poser toute question afin de mieux se connaître. C'est une formidable occasion de se découvrir, sans intrusion du conscient.

réveillé : rêver d'être éveillé tout en étant conscient de rêver indique que l'on maîtrise beaucoup mieux l'expérience onirique. *Intuition et prises de conscience nouvelles.* Voir *rêve.*

révélation : découvrir quelque chose, démêler une intrigue, résoudre un problème.

révérence : honorer le Dieu en nous. Reconnaître et honorer une partie de soi-même.

Révolution, révolte : quelque chose qui accomplit un tour complet signifie que vous retournez sur vos pas ; vous êtes revenu à votre point de départ, mais cette fois-ci vous avez davantage d'expérience et votre conscience s'est élargie. Une révolution partielle indique un changement de direction. Une révolte suggère qu'un conflit se déroule en vous-même, généralement entre l'intellect et l'intuition. Il est temps pour vous de changer et il vous faut maintenant avoir des convictions claires et précises sur vos motivations profondes.

revue : le compte-rendu de nos expériences quotidiennes, des messages que l'on s'adresse à soi-même. Vous pouvez utilisez la transcription de ces diverses expériences comme des leçons favorisant votre évolution ou bien les rejeter, selon votre niveau de conscience.

rhumatisme : se renfermer en soi-même. Signale un manque de communication verbale, un refoulement, des attitudes rigides et le refus d'aller de l'avant. Reconsidérez vos idées et soyez moins stricte !

riche : une source intérieure infinie d'idées, de capacités et de talents créatifs. Vous avez les compétences, les talents et les capacités nécessaires pour manifester tout ce que vous voulez.

richesse : connaissance, sagesse, compréhension, pouvoir créatif. C'est en vous-même que vous trouverez l'abondance d'idées qui vous permettra de réaliser vos objectifs.

rideaux : des rideaux fermés signifient se cacher, se fermer à soi-même et aux autres. Des rideaux tirés indiquent une possibilité d'évolution, une occasion de voir au-delà des circonstances présentes. Tout objet drapé signifie que vous refusez d'être confronté à certains aspects de votre personnalité.

rire : une énergie curative, exaltante. Ne vous prenez pas au sérieux. Détendez-vous et amusez-vous bien.

risque : faire face à ses peurs. Une occasion d'évoluer, de mieux se connaître. Voir *danger*.

robe : une couverture. Un rôle qui nous sert à masquer nos sentiments pour éviter de nous ouvrir aux autres et d'oser être nous-mêmes. Une robe de cérémonie indique que vous êtes engagé dans un processus d'initiation.

robinet : la capacité de refouler quand on le veut ses émotions. Un robinet qui fuit signifie que vos soucis vous font perdre votre énergie. Faites le point de la situation et vous trouverez une solution.

rocher : force, ancrage, pouvoir personnel.

roi : omnipotence, pouvoir, Dieu. Une profusion de connaissances, la prise de conscience de sa propre valeur, la reconnaissance de son pouvoir intérieur. Vous êtes le souverain de votre propre vie. *Assumer ses responsabilités*. La façon dont vous utilisez votre pouvoir créatif, sagement ou bêtement, ne dépend que de vous.

ronger : quelque chose vous ronge, vous dérange ou vous épuise. Évaluez votre stress, vos angoisses, vos peurs. Débarrassez-vous des fardeaux inutiles et des pensées négatives.

rosaire : une forme de méditation. Le fait de concentrer son esprit sur quelque chose de précis. Le besoin de se centrer, de se concentrer.

rose : amour, beauté, innocence. La couleur rose signifie amour. Voir *fleur*.

roue : la roue de la vie, l'éternel recommencement. *Aller à la rencontre de soi-même*. La roue de la fortune. La roue du karma ; *on récolte ce que l'on a semé. La passion du voyage, la mobilisation de ses ressources.*

rouge : la force vitale, la fertilité, l'énergie, la passion. Symbolise également la colère, les émotions incontrôlées. Le rouge est la longueur d'onde la plus basse du spectre chromatique. Peut indiquer un besoin d'énergie. Voir *couleur*.

rouille : c'est l'époque de l'astiquage et du fourbissage. Il faut remettre de l'ordre en vous-même. Nettoyez, astiquez toutes ces qualités et tous ces talents oubliés.

roulette : prendre un risque. Examinez les décisions que vous avez prises et ce que vous êtes en train de faire. Vous jouez trop gros et tout cela risque de mal finir. Prenez votre destin en main en exprimant et en réalisant ce qu'il y a de mieux en vous. *La roue du karma.* Voir *karma.*

route : la direction que vous donnez à votre vie. Notez s'il s'agit d'une route asphaltée, d'un chemin cahoteux ou d'une piste poussiéreuse ; s'il s'agit d'une route à deux voies, d'une autoroute ou de tout autre type de route ; si cette route serpente ou si elle est rectiligne, si elle monte ou si elle descend. L'état de la route indique la façon dont vous menez votre vie actuellement. Si la route descend, c'est que vous allez dans la mauvaise direction. Si vous montez et descendez sans cesse, c'est que vous ne faites que réagir aux événements de votre vie sans faire beaucoup de progrès et qu'il vous faut maintenant établir des objectifs précis dans votre existence. Si vous vous trouvez à un carrefour, c'est qu'une décision majeure est imminente. Voir *carrefour.*

rubis : un amour profond, une grande énergie. *Fertilité et expansion.* Au moyen-âge, les familles royales utilisaient les rubis pour combattre la stérilité.

ruche : une utilisation organisée et productive de l'énergie.

rue : voir *route.*

ruelle : un raccourci vers une nouvelle destination ; une nouvelle orientation en matière d'objectifs personnels. Le chemin est étroit et difficile et doit être suivi attentivement. Une ruelle sombre symbolise un itinéraire inconnu ou peu familier.

ruisseau : les manifestations affectives empreintes de douceur ; la guérison spirituelle. Indique que les problèmes et les soucis seront facilement résolus.

S

sable : une partie infinie de l'être, en perpétuelle mutation mais toujours présente. Les sables du temps : tout n'est qu'illusion, rien n'est éternel. Symbolise également une énergie qui ancre dans l'ici et maintenant et qui nourrit. Si votre maison est bâtie sur du sable, c'est que les fondations de votre vie sont douteuses. Voir *plage*.

sables mouvants : vous êtes enlisé dans votre peur et êtes en train de vous enfoncer. Prenez de la hauteur par rapport aux événements, élargissez votre vision des choses, créez un refuge intérieur sûr et harmonieux en pratiquant la méditation.

sabotage : des tendances autodestructrices qui nous empêchent d'évoluer et de réussir.

sac (à provisions) : représente les ressources intérieures permettant de prendre soin de soi-même.

sac : un sac suggère la dissimulation. Symbolise le fait d'éliminer, à force de volonté, des aspects indésirables de son être. Si vous êtes "sacqué", c'est sans doute que quelque chose d'ancien est en train de disparaître ou que vous abandonnez votre pouvoir à quelqu'un d'autre.

sacré : quelque chose de sacré ou de sanctifié indique que vous consacrez votre énergie à autre chose qu'à votre propre maître intérieur. Toute les formes de vie sont sacrées. Voir *saint*.

sacrifice : la "grâce du martyre". Nul besoin de sacrifier, pour vous-même ou pour autrui, votre énergie, vos idéaux et vos objectifs. Les seules choses que vous ayez à sacrifier sont les pensées négatives et les tendances destructrices (y compris le goût pour le martyre), qui entravent votre évolution.

safari : explorer les parties inconscientes ou cachées de son être. Si vous avez rencontré des animaux lors d'un safari onirique, consultez l'article *animal* ou les articles traitant de chaque animal en particulier.

s'agenouiller : voir *révérence*.

saint : le Saint-Esprit ou Moi Divin, l'être intérieur révéré, la conscience spirituelle. Quelque chose que l'on met de côté en tant qu'objet sacré ou saint indique que l'on a du mal à prendre conscience d'une réalité. Toutes les manifestations de la vie sont sacrées. Dieu est le médium par lequel toute créature vit et se développe. *Quelque chose auquel vous accordez beaucoup d'importance*. Vous devez rendre son pouvoir à votre maître intérieur.

saint : un maître, votre guide intérieur, un être plein de sagesse, le Moi supérieur. Un saint en particulier peut indiquer les qualités que vous devez manifester en ce moment. Il peut également s'agir d'un message d'un maître supérieur.

saison : chaque saison revêt une impatience particulière dans notre évolution. Chaque année les mêmes leçons nous attendent si nous n'avons pas fait l'effort de les apprendre la saison précédente. Symbolise également le processus naturel de changement, de diversification et de progrès dans notre vie. Toute chose, tout phénomène est associé à une saison :

> *le printemps* marque le début de la saison d'énergie ascendante ; nous recevons un enseignement pratique à travers les relations que nous entretenons avec nous-mêmes et avec les autres.
> *L'été* se caractérise par une période ininterrompue d'énergie haute et d'apprentissage rapide.
> *L'automne* est marqué par un ralentissement de l'énergie. C'est la période durant laquelle nous récoltons les fruits de nos expériences (nos leçons).
> *L'hiver* est une période d'introspection spirituelle, d'exégèse, et de préparation pour l'épanouissement du printemps suivant.

salaire : les fruits de votre labeur. *On récolte ce que l'on a semé.* La confiance en soi, la reconnaissance et la force intérieure sont les récompenses d'un travail créatif. *Un contrat.* Voir *argent.*

salive : symbolise d'ordinaire le désir impatient de s'engager dans un nouveau projet ou dans une nouvelle situation. *L'ardent besoin d'action.*

salle des coffres : mettre des objets de valeur à l'abri par crainte de les perdre. Les talents et les aptitudes non exploités. Les choses que vous cachez pour les mettre en sécurité. La seule sécurité réside dans l'expression riche et créative de soi-même.

salon de beauté : renforce l'estime de soi. Améliore l'image que vous avez de vous-même.

sanctuaire : se retirer en soi pour y trouver maternage, guérison et paix. Représente un niveau de conscience indispensable et très personnel.

sang : l'énergie vitale. Saigner signifie perdre de l'énergie. Quelqu'un vous pompe votre énergie, ou bien vos soucis, vos peurs ou votre équilibre précaire vous épuisent. Observez bien la partie du corps qui saigne. Voir *parties du corps* et *chakra.*

sangsue : quelqu'un est en train de vous prendre votre énergie. Cherchez à savoir à qui ou à quoi vous abandonnez votre pouvoir. Voir également *parasite*.

sans abri : la disparition provisoire de son identité.

saut : faire un saut dans la nouveauté. Allez de l'avant. Peut aussi indiquer la nécessité de bien réfléchir avant de se jeter à l'eau.

sauterelle : sauter d'un endroit à un autre. *Le désir d'évoluer*.

sauvetage : le sens varie selon le contexte : si vous cherchez du secours, c'est que vous êtes en quête d'énergie et d'informations pour résoudre un problème. Si vous voulez vraiment être sauvé, alors on vous viendra immédiatement en aide. Si vous portez secours à autrui, c'est sans doute que quelqu'un a besoin d'aide et que vous avez envie de répondre à son appel. Ou bien, c'est peut-être que vous cherchez à sauver le monde alors que vous n'avez tiré aucun enseignement de vos expériences vécues.

savon : balayez devant sa porte. Nettoyer son corps, son esprit ou son âme. *Prenez le temps d'épurer vos attitudes et vos pensées*.

scarabée : dans l'ancienne Egypte et dans d'autres cultures, le scarabée symbolisait la vie éternelle et l'éveil spirituel.

sceau : approbation. L'identité. L'énergie émotionnelle, maladroite mais rayonnante.

scénario : les rôles que nous interprétons dans notre vie. Vous êtes l'acteur, le scénariste, le producteur et le metteur en scène de votre vie. Vous pouvez en changer le scénario à n'importe quel moment. Chaque fois que quelque chose ne va pas dans votre vie, changez-en le scénario.

scène : la scène de la vie. L'image que vous donnez de vous-même aux autres. Les croyances, les attitudes, le comportement. Vous pouvez changer de rôle à tout moment. *Vos accomplissements actuels*. Voir *acteur*.

sceptre : voir *baguette magique*.

schéma de comportement : un système de croyances réducteur. La façon dont nous gérons notre vie et les situations dans lesquelles nous nous trouvons. Quelque chose qu'il faut changer et dépasser.

schizophrénie : le refus radical d'évoluer. Le fait de penser qu'il vaut mieux errer dans le brouillard de ses idées confuses plutôt que de prendre ses responsabilités. L'incapacité à fonctionner dans son corps ou hors de son corps due à un déséquilibre, au refus de reconnaître son pouvoir personnel. La peur de grandir. Indique qu'aucune progression n'est possible en raison d'un refus d'entrer dans la vie et d'une incapacité à voir clairement les choses. Voir *fou*.

scie : un outil pour construire, pour couper. Un outil qu'il faut utiliser de manière responsable. Symbolise également un conte, un proverbe ou une croyance que vous avez faits vôtres ou qui selon vous correspondent à la réalité.

scientifique : la partie intellectuelle et rationnelle de l'être. *L'étudiant de la vie*. Symbolise également le guide intérieur, le Moi supérieur, la sagesse et la recherche de la connaissance. Voir *laboratoire*.

scorpion : des remarques cuisantes, des pensées venimeuses.

se déshabiller : exposer ses idées et ses sentiments véritables. Ne pas se cacher sa vérité, ni la cacher aux autres. Voir *nudité*.

secret : quelque chose que vous savez mais que vous ne voulez pas admettre ou partager. Quelque chose que vous empêchez délibérément de parvenir à la conscience. Tous les secrets résident en vous-même, mais si vous voulez les découvrir, il faudra faire preuve de sincérité et désirer vraiment connaître la réponse.

secrétaire : une partie de l'être utile et efficace. Peut signaler une surcharge de travail ou un manque d'organisation ; vous avez besoin d'une secrétaire. Vous avez besoin d'établir vos priorités et d'accomplir ce qui doit l'être.

sédatif : vous êtes nerveux, tendu ; détendez-vous, relaxez-vous. Maîtrisez votre vie, prenez vos responsabilités au lieu de dépendre de quelqu'un ou de quelque chose d'autre.

sein : le chakra du cœur, Dieu ou le centre de l'amour en nous. *Nourriture, réconfort, amour inconditionnel.*

selle : s'encombrer inutilement d'un problème. Symbolise également la protection et le confort.

semaine : une unité de temps. Voir *temps, nombres (le 7)*.

semence : idées créatrices, pouvoir, énergie. Masculinité. Voir *sperme.*

sensualité : l'expérience de la sensualité reflète le besoin de soins dévoués au niveau du corps. Prendre soin de son corps et le respecter. Assumer sa sexualité.

sentiments : lors d'un rêve, la nature d'un sentiment revêt une grande importance. Notez si vous vous sentez effrayé, fatigué, confus, puissant, heureux, soutenu, etc. Les sentiments qui peuplent un rêve vous aideront à comprendre votre problématique du moment.

seringue : un instrument de purification. Voir *injection.*

serpent : les forces de la kundalini ; l'énergie vitale, l'énergie créatrice, le Saint Esprit, le pouvoir de guérison interne. La kundalini est située à la base de la colonne vertébrale et s'élève le long de la colonne vertébrale pour éveiller les centres énergétiques (ou chakras). Si un serpent vous mord quelque part, c'est que l'énergie essaye de passer par cette zone particulière de votre corps. Ainsi, par exemple, si un serpent vous mord dans la région du chakra du cœur, c'est que vous êtes en train de vous ouvrir à l'amour et à vos sentiments profonds ; s'il vous mord à la gorge, c'est que vous devez communiquer et verbaliser vos émotions. Nous rêvons souvent que des serpents pénètrent dans notre corps : ces rêves signalent l'éveil des forces de la kundalini. Les serpents constituent des symboles puissants et il ne faut en aucun cas les craindre, car ils représentent l'éveil ou la poursuite de votre évolution spirituelle.

serrure : vous êtes enfermé à l'intérieur de vous-même. Détendez-vous et montrez-vous plus ouvert. *Il n'y a pas de serrures aux portes du paradis.*

serveur, serveuse : les aspects masculins et féminins de votre être qui vous enrichissent et se mettent à votre service. Si vous êtes en colère contre un serveur, essayez de déterminer la partie de vous-même que vous êtes en train de rejeter. Si le service est lent, c'est que vous refusez les nourritures terrestres et spirituelles dont vous avez besoin.

serviette : chaleur et protection après une période de purification. *Sécurité.*

sida : voir *cancer.*

sifflet : attirer l'attention sur soi.

signature : l'individualité, l'expression de soi-même. Vérifiez le sens numérologique du nom qui apparaît en consultant les articles *alphabet* et *nombres*.

signe : faire un signe de la main à quelqu'un symbolise la reconnaissance, l'accueil, l'amour.

singe : si le singe se balance d'une branche à l'autre, c'est que vous devez prendre le temps de vous centrer. S'il jacasse ou saute de haut en bas, efforcez-vous d'apaiser votre esprit en pratiquant la méditation. S'il imite quelqu'un, c'est que vous devez cessez d'imiter les comportements stupides d'autres personnes. *Des singeries. Trouver la voie en soi-même.*

sirène (l'animal fabuleux) : tentation spirituelle et affective.

sirop : la sentimentalité, les émotions exagérées. Vous en faites vraiment trop, jusqu'à en devenir hypocrite.

ski : un temps pour s'amuser. La liberté. Symbolise également le fait de trouver l'équilibre dans sa vie. Autre sens : *vous êtes vraiment un rapide* !

sœur : la partie féminine de l'être. Des qualités que vous projetez sur votre sœur ou sur une figure sororale. La compréhension de la relation entretenue avec sa sœur ou avec une personne tenant ce rôle.

soi : se voir soi-même en rêve signale des épisodes présents ou passés de sa propre vie. Dans vos rêves, tous les personnages et tous les symboles ne sont que des aspects de vous-même.

soie : richesse et abondance. Un conducteur d'énergie qui apaise les sens, les nerfs. Sensualité. Calme, douceur. *Tout ce qui flotte.*

soif : la soif de connaissances.

soirée : initiation, réception d'un diplôme, célébration. Vous avez atteint un nouveau palier, vous avez bien appris vos leçons et la joie est générale.

sol : l'ancrage, le développement harmonieux. Un refuge pour se protéger des tempêtes affectives. Selon le contexte, symbolise les fondations de son existence, ou une orientation solide donnée à sa vie.

soldat : voir *militaire*.

soleil : le Christ, le Divin en nous, la lumière Divine, l'œil de la vérité. *Pouvoir, énergie, clarté, connaissance.* Tout ce qui met au monde la vie, materne et nourrit. La lumière de votre être. Voir *planète*.

sombre : un phénomène inconnu émerge de l'inconscient. Votre situation actuelle se caractérise par son opacité et par un manque d'énergie. Méditez, stimulez l'écoulement de l'énergie en vous, et "allumez" votre lumière intérieure.

sommeil : un manque de lucidité. Le refus de voir la réalité en face ou de changer quoi que ce soit dans sa vie. *Stagnation.* Réveillez-vous ! Si vous rêvez que vous allez vous endormir dans un lit, consultez l'article *lit*.

sommet : vous l'avez atteint. Vous avez résolu un problème, réalisé un objectif. Symbolise la clarté, les perspectives nouvelles, l'intuition. Voir *montagne*.

sondage : voir *interview*.

sorcière : un aspect hideux de soi-même qui doit être changé. Manipulation, volonté de contrôle. Haine et dégoût de soi. L'incapacité à percevoir sa beauté intérieure, le joyau du dedans. Il ne faut pas utiliser son pouvoir pour manipuler les autres ou pour les induire en erreur. D'un point de vue karmique, vous aurez des comptes à rendre si vous utilisez votre énergie de manière destructrice plutôt que créatrice.

sortie : l'occasion de sortir d'une situation donnée. *Un choix.*

sortilège : les efforts nécessaires pour accéder à ses facultés spirituelles. Le fait de rechercher des réponses à l'extérieur au lieu de les rechercher en soi, là où se trouve la protection Divine. Symbolise les contes de bonnes femmes, les systèmes de croyances, qui peuvent être ou non fondés. *Une patte de lapin n'a jamais empêché le lapin de passer à la casserole.*

souche (d'un arbre) : une évolution bloquée. *Planter un nouvel arbre.* Représente un problème qui a épuisé vos forces. Essayez de résoudre vos problèmes grâce à vos rêves !

souffle : l'énergie vitale, la kundalini. La respiration régule les fonctions corporelles ainsi que la conscience : une respiration lente signifie que l'on cherche à centrer et à relaxer l'énergie du corps et de l'esprit ; une respiration forte et saccadée indique une montée en puissance. Si vous êtes à bout de souffle, c'est que vous êtes en rupture d'équilibre, que vous allez trop vite. Ralentissez et réorganisez votre vie.

souillure : tare, défigurement. Symbolise une chose qui a besoin d'être nettoyée. Si vous peignez quelque chose, un meuble par exemple, notez la couleur de la peinture. Elle annonce peut-être la fin de vos soucis et un nouveau départ. Voir *tâche*.

sourd : refuser d'entendre la vérité. Vous entendez mais ne comprenez pas, ou bien vous avez décidé de ne pas écouter car cela vous obligerait à prendre la responsabilité de changer et d'évoluer.

souris : une petite peur ou une petite irritation qui vous prennent votre énergie. Si un chat est en train de poursuivre une souris, c'est que vous jouez au chat et à la souris avec vous-même ou avec quelqu'un d'autre. *Le refus d'assumer et de résoudre ses problèmes*. Si les relations humaines sont souvent frustrantes, c'est parce que les gens ont trop tendance à jouer au chat et à la souris. Silence, timidité, absence de caractère, à l'image d'une personne terne et effacée.

sous-marin : un fort soutien affectif, une protection. N'hésitez pas à explorer vos émotions et votre inconscient car vous êtes bien protégé et de grandes perspectives s'ouvrent devant vous.

sous-vêtements : s'abriter, se protéger. Une partie de soi-même encore inconnue.

souterrain : l'inconscient.

sparadrap : le fait d'essayer de dissimuler un "poison" intérieur. Ne le cachez pas. Laissez-le remonter à la surface, car ainsi vous pourrez guérir.

sperme : des occasions de prendre un nouveau départ que l'on peut saisir ou rejeter. Le fait de se masturber en rêve signale une libération d'énergie, mais une énergie que l'on n'utilise pas pour créer quelque chose de nouveau. Voir *semence*.

sphinx : l'éveil au mysticisme se manifestera grâce à la compréhension de soi. Symbolise par ailleurs tout ce qui est froid, dur, sans expression. *Un manque de joie de vivre, un cœur de pierre*.

spiritisme : se détourner de son évolution en restant bloqué au niveau médiumnique. Les phénomènes paranormaux et le contact avec les esprits n'amélioreront jamais votre vie.

sport : indique votre niveau de sportivité dans la vie, la façon dont vous jouez le jeu, et votre conception de la défaite et de la victoire. Vous montrez-vous beau joueur ou mauvais joueur ? Autre sens : *considérer l'amour comme un jeu au lieu d'entretenir des relations enrichissantes et de chercher à résoudre ses problèmes.* Un sport précis peut refléter le besoin de faire de l'exercice et de s'autodiscipliner.

squelette : le vide. La mort spirituelle. Ce symbole ne signifie pas la mort physique, mais indique que vous vous êtes coupé de vos émotions et de vos sentiments. *L'inaccomplissement.* Tout ce qui reste n'est qu'illusion lorsque l'on est coupé de son Moi spirituel. *Une coquille vide, un corps dépourvu d'esprit.*

stade : une formidable capacité de tous les aspects de votre être à s'unir dans un esprit d'équipe pour affronter la vie.

standardiste : guidance. Si vous n'arrivez pas à joindre votre correspondant, c'est que vous devez élever votre niveau d'énergie.

station d'essence : il est temps de reconstituer vos forces.

statue : un esprit mort sous une apparence magnifique. *Tout ce qui est glacial, sans vie.*

stériliser : pas d'évolution. Voir *antiseptique.*

submergé : être accablé au plan affectif. *Vous devez reconstituer vos forces.* Voir *noyé.*

sucer, téter : le désir de retrouver le sein maternel, d'être choyé et materné sans avoir à assumer de responsabilités. Autres sens : *vous êtes un véritable pigeon ou bien vous vous laissez entraîner dans quelque chose que vous pourriez regretter.*

sucre : voir *bonbon.*

sucreries : la douceur de la vie. Le besoin d'énergie. Un remontant aux effets rapides. *Se faire plaisir.* Symbolise également les petits chantages : *si tu ne finis pas ta soupe, tu n'auras pas de dessert.*

sud : la conscience spirituelle. L'intégration des plans de conscience les plus élevés dans la vie quotidienne. Symbolise également un mode vie détendu et lent, comme celui que l'on attribue aux gens du sud.

suicide : tuer des aspects de soi-même, son esprit créatif. Refuser de s'attaquer à un problème ou renoncer à le résoudre. *L'autodestruction.* Reprenez-vous et sortez de vos schémas de comportement négatifs. Un avertissement.

T

tabernacle : le temple intérieur de l'humanité, le Saint des Saints représentant l'âme ou le Moi Divin. Voir *église.*

table : les activités quotidiennes, qu'il s'agisse du travail, des repas ou des loisirs. Le fait de remettre une décision à plus tard. *Négociation.*

tâche : un défaut, un irritant, une attitude qui enlaidit votre pensée et votre comportement.

tailleur : des habits (des rôles) tout neufs pour vous. Restaurer ou modifier de vieux habits (de vieux rôles). Voir *vêtements.*

talon : un point vulnérable (pensons au talon d'Achille). Un talon de chaussure signifie que vous êtes toujours sur les talons de quelqu'un, que vous l'importunez. Voir *corps.*

tambour : les pulsations (ou rythmes) de la vie. Les battements du cœur, les ondes cérébrales. La communication, les messages.

tante : la partie féminine de l'être. Les qualités ou les caractéristiques que vous associez à un individu en particulier ne sont que des aspects projetés de vous-même. Voir *féminin.*

tapis roulant (appareil de culture physique) : symbolise l'ennui consécutif à un manque de développement personnel. Vous êtes coincé dans vos schémas de comportement, dans vos attitudes et convictions, vous tournez en rond dans les mêmes vieilles histoires. *Vous êtes libre de descendre du tapis roulant à tout moment.*

tapis : la conscience de l'ici et maintenant, l'isolement, la protection. Un luxe dont vous pourriez jouir. Par ailleurs, faites attention à ne pas vous coupez l'herbe sous le pied. Restez centré et positif.

tapisserie : la trame de votre vie. Les nombreuses expériences qui tissent la trame de votre vie. Jusqu'à votre dernier jour, vous ne voyez que les nœuds au dos de la tapisserie ; ce n'est que lorsque vous aurez quitté ce bas monde que vous découvrirez la beauté et la symétrie du vrai côté de la tapisserie.

tarte : voir *cercle, nourriture.*

tatouage : l'identité personnelle. Voir *cicatrice.*

taureau : la force, l'entêtement, l'impétuosité, l'agressivité masculine.

taxi : une identité provisoire ; vous êtes dans une période de transition.

télégraphe : des signaux que vous envoyez ou que vous recevez. Vous êtes constamment dans un processus de communication avec le monde qui vous entoure. *L'équilibre et la maîtrise des émotions dépendent du niveau énergétique de l'être.*

téléphone : si vous appelez quelqu'un, c'est que vous demandez de l'aide ou des éclaircissements à propos d'une situation donnée ; ou bien, c'est que vous avez besoin d'élargir votre vision des choses. Si quelqu'un vous appelle, cela signifie généralement que votre guide intérieur essaye d'attirer votre attention, car il a un message important à vous transmettre. Soyez très attentif à tous les rêves où figure un téléphone.

télévision : un média qui vous permet de mieux observer votre propre vie, de mieux comprendre comment vous gérer les situations auxquelles vous êtes confronté. *La communication avec soi-même.* Voir *scène, film.*

temple : le temple intérieur. Voir *église.*

temps (météo) : votre affectivité ; le vent de la chance, tantôt favorable, tantôt défavorable. Bien entendu, c'est vous-même qui le faites tourner.

temps : le temps est une énergie qui nous permet d'éprouver et d'épurer notre pouvoir créatif. Toutes les formes de vie dépendent des cycles temporels, car elles ont chacune leur propre saison. De la naissance à la mort, le cycle de la vie comprend de nombreux cycles plus petits. Nous évoluons continuellement dans le processus temporel ; tout n'est que dynamisme, changement ; rien n'est statique. Le temps est le "pérenniseur" des illusions. Tout ce qui dépend de lui est temporaire, éternellement évanescent. Suivre le cours de la vie consiste en fait à utiliser à son maximum l'énergie du temps, à réaliser sans efforts nos buts et nos désirs. Nous sommes des êtres interdimensionnels, non limités par le temps dès lors que nous comprenons notre véritable nature.

tennis : voir *jeu, balle.*

tente : une identité, une attitude ou une croyance temporaires. Dans l'univers onirique, les maisons et les tentes sont des représentations de vous-même. Symbolise l'impermanence des choses, les fondations douteuses.

tentures : condamner ou dissimuler une partie de soi-même. Voir *rideaux.*

terrasse : une extension de son être, à l'image d'une terrasse en bois prolongeant une maison. *Les parties de soi-même que l'on expose à la vue de tous.*

terre : la maison, le confort. Le besoin ou l'ardent désir de sécurité. Le fait de trop se disperser. Le besoin d'être soutenu et de retrouver sa cohésion interne.

Terre (la planète) : la Terre Mère, l'énergie féminine Divine, réceptive, maternante et nourricière. La matrice de la vie qui donne forme et substance à l'esprit. L'expérience de la dimension temporelle. La terre réunit le passé, le présent et le futur. Symbolise la nature humaine, la nature sensuelle et temporelle de l'être. L'école de la vie qui permet d'apprendre et d'évoluer. *Un lieu de résidence temporaire.* Voir *planète.*

terroriste : une énergie sexuelle non maîtrisée (le second chakra). *Amertume, peur, colère, frustration dues au refoulement.* Symbolise une énergie mal dirigée qui ne résoudra rien car le problème se trouve en vous-même. Regardez en vous en pratiquant la méditation et vous trouverez la cause de votre souffrance. Maîtrisez et réorientez votre énergie de manière positive et créatrice.

test, épreuve : une occasion d'évoluer et d'apprendre. Prenez conscience de la situation dans laquelle vous vous trouvez. Sachez que même les situations apparemment négatives ont un rôle positif : elle sont là pour mettre à l'épreuve votre lucidité et votre compréhension des choses, pour vous permettre d'en tirer un enseignement et de les dépasser.

testament : clarté, motivation, orientation. Si en rêve vous rédigez votre testament, c'est qu'il est temps pour vous de faire le bilan de votre vie. Prenez des décisions concrètes. Faites la synthèse de tous vos mérites. Mener à bonne fin un projet permet de prendre le temps de le réexaminer minutieusement. Considérez ce qui fait votre vie, ce que vous souhaitez accomplir, ce que vous voulez donner, à vous-même et aux autres.

testicules : pouvoir, virilité. Une source de créativité. Voir *organes génitaux, sperme, castration.*

tête : vous intellectualisez trop. Dans un registre humoristique signifie "*pas de prise de tête*". Voir *visage, corps.*

thé : un stimulant. La détente. Les interactions sociales. Un rituel de concentration spirituelle, de partage avec les autres. *Faites une pause.*

théâtre : la vie est la scène de votre évolution personnelle.

thermomètre : il nous indique notre état affectif, si nos émotions sont glacées, tièdes ou brûlantes. Si la température est extrêmement élevée, c'est que vous êtes dans le pétrin ou que vous êtes une vraie tête brûlée. Un indicateur de niveau d'énergie signale votre niveau de motivation et votre degré de clairvoyance. Si le niveau est bas, c'est qu'il n'y a en vous ni lucidité ni motivation. S'il est élevé, c'est que la façon dont vous percevez les choses et l'orientation donnée à votre vie sont bonnes.

tic-tac : un petit rien qui vous enquiquine et qui vous pompe votre énergie. Voir également *parasite.*

tiédeur : selon le contexte du rêve peut signifier la sécurité, le confort, les sentiments, l'affection. L'équilibre de la température émotionnelle, ni trop élevée ni trop basse.

tigre : pouvoir, force. La peur de sa propre colère ou de celle d'un autre. *La féminité.*

timbre, tampon : approbation ou rejet.

tir, tirer : tirer sur quelqu'un ou être pris pour cible indique que l'on est en train de blesser ou de tuer des aspects de soi-même. *La perte de son énergie ou force vitale.* Tirer sur une cible indique que l'on poursuit un but. Voir *tuer, chasse.*

tiroir : un endroit à votre disposition pour stocker les idées, mais pour le moment fermé. Si le tiroir est un véritable fouillis, il est temps pour vous de faire le ménage et de ne conserver que ce qui est utile à votre évolution.

tisser : faire la synthèse des nombreuses expériences de sa vie pour parvenir à la complétude, à la plénitude. Rassembler ses efforts et puiser dans ses connaissances pour créer l'existence à laquelle on aspire. Voir *tapisserie.*

tissu : les lignes directrices de votre vie. Vous tissez vous-même la trame de vos expériences vécues, créant ainsi la beauté ou bien le chaos. Voir *tissage.*

toiles d'araignée : les talents inutilisés, les idées que l'on ne met pas en pratique. Les facultés en sommeil.

toilettes : élimination. Se débarrasser des expériences passées désormais inutiles et indésirables. *Décharge, lâcher-prise, pardon.* Si les toilettes sont bouchées, c'est que vous êtes en train de bloquer le processus de purification en vous cramponnant à des expériences négatives.

toison d'or : initiation ; message spirituel, protection divine.

toit : une protection. Le sens de ce symbole dépend de l'état du toit. Un toit en terrasse vous coupe de votre énergie. Examinez la structure et la forme du toit - par exemple, un toit en coupole, un toit avec support central, etc. Symbolise également la protection nécessaire au chakra de la couronne.

tombe : l'ornière dans laquelle vous vous enfoncez et que vous avez vous-même creusée. *L'incapacité à agir.* La pensée créatrice mobilise l'énergie et aide l'individu à trouver des solutions en lui-même. Nous devons revenir à la vie par nos propres forces car personne ne peut le faire à notre place. Voir *mort, cercueil.*

tonnerre : une évocation des émotions et des sentiments refoulés. Signale la présence de colère et d'hostilité à l'intérieur de soi. Symbolise les conséquences de l'éveil des forces de la kundalini ou d'une puissante décharge d'énergie.

torche (électrique) : éclairez les parties inconnues de votre être. Examinez-les minutieusement.

torche : voir *flamme.*

tornade : voir *ouragan.*

tortue : être lent dans sa démarche, dans l'accomplissement des changements. Il suffit d'un rien pour que vous vous cachiez derrière votre carapace. *Stabilité.* La carapace symbolise la protection, la sécurité.

touche-à-tout : symbolise une dispersion de son énergie, ou bien une polyvalence salutaire.

tour : le pouvoir spirituel ; un point d'observation ; des visions claires et profondes. Si vous êtes prisonnier dans une tour, c'est que vous êtes enfermé dans votre tour d'ivoire (dans votre intellect) et coupé de tous les autres aspects de votre être.

tours, trucs : dans un registre humoristique, indique qu'il faut se dérider. Autre sens : *se faire son petit cinéma intérieur.*

toxicomane : l'abandon de son pouvoir personnel, l'abandon de la conscience de soi à quelque chose ou quelqu'un d'autre. Le fait d'être mû par la peur et un sentiment d'insécurité plutôt que par la volonté d'assumer sa vie. Le fait de nier l'existence de son propre Moi Divin ou maître intérieur.

traces de pneu : vous avez vous-même creusé l'ornière dans laquelle vous êtes pris.

tracteur : le travail sur soi. Ce symbole indique ce que vous voulez semer et ce que vous voulez récolter, car vous avez en vous une formidable capacité à obtenir exactement ce que vous désirez. Il est temps de préparer le sol pour semer les graines de la connaissance profonde. Voir *bulldozer.*

train : si vous vous trouvez dans la locomotive, c'est que vous disposez d'une force étonnante pour réaliser vos objectifs. S'il s'agit d'un train de voyageurs, c'est que vous prenez en charge trop de gens, ce qui constitue un fardeau. S'il s'agit d'un train de marchandises, c'est que vous avancez dans la vie en portant une lourde charge. Voir *passager.*

transe : être en transes signifie généralement que l'on est “dans les vaps”, inconscient de l'ici et maintenant ou incapable de voir les choses clairement. *Puiser au plus profond de ses capacités créatrices, de son intuition, de ses connaissances.*

transparence : tout ce qui est clair, facilement compris. Symbolise tout ce qui laisse passer la lumière et l'énergie et donc tout ce qui est aisément perçu.

transpirer : une décharge affective, la nervosité, la peur. Le fait d'apaiser une situation enfiévrée.

trapèze : des idées nobles. Une inspiration audacieuse.

travail : ce qui doit être accompli immédiatement. Un tremplin pour évoluer et apprendre. Ce qu'il vous est possible de faire ici et maintenant pour développer vos facultés de compréhension. Symbolise la façon dont vous concevez votre travail - travail pénible et fastidieux ou défi qu'il faut relever, corvée ou accomplissement - ou la façon dont vous percevez votre comportement du moment. *Sois loyal avec toi-même.* Pour bien se connaître, il faut trouver l'harmonie dans l'expression créatrice ou dans un travail enrichissant.

tremblement de terre : selon la magnitude du tremblement de terre, indique un petit ou un grand changement dans votre vie quotidienne. Voir *désastre*.

trésor : une profusion de talents, de capacités ; le pouvoir créatif intérieur. Les dons de l'esprit inexploités. L'or du dedans, la lumière ou l'énergie Divines.

tresses : force spirituelle. L'unité. L'interaction entre les corps physique, mental et spirituel. Voir *corde*.

triangle : la trinité ; le corps, l'esprit et l'âme. *Pouvoir, processus d'intégration, équilibre.*

tribunal : toute situation où apparaît un tribunal signifie que vous êtes en train de vous jugez vous-même, peut-être mû par des peurs et un sentiment de culpabilité latents. Le juge et le jury représentent votre Moi supérieur, votre guide ou critique intérieur. Voir *juge*, *jury*.

tricotage : réparation, création. Continuez à tisser les fils de votre vie ; ne vous dispersez pas.

trinité : le Père, le Fils et le Saint Esprit ; le corps, l'esprit et l'âme ; les aspects adulte, paternel (ou maternel) et enfantin de l'être. Voir *triangle*.

tripes : vider son sac, dire tout ce que l'on a sur le cœur. *Les sentiments.* Symbolise le fait de chercher à comprendre en profondeur une situation, ou la nécessité de le faire.

triplés : annonce trois nouveaux commencements dans votre vie. Voir *trinité*.

trône : le siège du pouvoir.

trophée : voir *prix*.

trottoir : un sentier. Plus le chemin est facile, et plus votre cheminement dans la vie sera aisé. C'est un trajet plus facile que sur une piste poussiéreuse, mais pas aussi rapide que sur une route. Voir *chemin*.

trou : un trou noir représente une partie inconnue de vous-même à laquelle vous êtes confronté actuellement. Un trou quelconque indique qu'une réparation est nécessaire, ou bien représente un processus de pensée défaillant - une faille dans votre raisonnement, par exemple. *Un piège que vous vous êtes tendu à vous-même*. Si vous êtes dans un trou, voir *tombe*.

troupeau : de nombreuses parties de l'être. Si le troupeau saccage tout sur son passage, c'est que votre énergie est trop dispersée ; s'il se déplace paisiblement, c'est que votre énergie est bien centrée. Symbolise également le fait de suivre quelqu'un ou quelque chose aveuglément, de ne pas prendre soi-même ses décisions.

tuer : tuer quelqu'un ou être tué représente la destruction d'une partie de soi-même, de croyances, comportements ou énergies symbolisés par la victime. Si vous tuez l'un de vos parents, c'est que vous en avez assez de votre comportement parental démodé ou du type de relation dépassé que vous entretenez avec l'un d'eux. Si vous tuez un enfant, c'est que vous êtes en train de détruire la partie enfantine de votre être ou bien certains comportements enfantins que vous ne supportez plus. Notez si vous tuez un homme ou une femme, un vieux ou un jeune, etc. Le contexte du rêve vous dira si des aspects de votre personnalité sont désormais inutiles ou au contraire s'ils sont précieux tout en étant rejetés. Si on a essayé de vous tuer et que vous saignez, c'est que vous perdez votre énergie. Vos propres pensées et actions sont en train de vous prendre votre énergie. Voir *sang*.

tuile, carreau : un toit protecteur ; tout ce qui est froid, inflexible. Des carreaux céramique peuvent refléter l'expression créatrice.

tumeur : la nécessité de changer un système de croyances néfaste pour votre évolution. Voir également *cancer*.

tunnel : un couloir qui traverse les différents plans de conscience pour déboucher sur des connaissances nouvelles, sur une réalité élargie. Un rétrécissement concentrique du champ visuel indique une étroitesse d'esprit.

turquoise : guérison, apaisement, tranquillité, spiritualité.

tuyau : lorsqu'il s'agit d'un tuyau d'arrosage, représente, au plan affectif, la purification, la nutrition et l'équilibre. *L'orientation consciente de l'énergie*. Voir également *serpent.*

tuyau d'évacuation : une décharge affective. Dans un autre registre, vérifiez si vous n'êtes pas en train d'abandonner votre pouvoir, ou de perdre votre énergie. Tout dépend du contexte du rêve.

U

uniformité : l'image que vous voulez donner de vous-même. Indique une rigidité de l'être. Soyez moins strict ! Montrez-vous plus souple.

université : l'occasion de recevoir des enseignements de haut niveau. Vous passez à un stade supérieur de votre apprentissage et de votre évolution. Voir *école.*

urgence : réveillez-vous ! Soyez attentif ! Il s'agit là d'une leçon importante. *Un appel à l'aide.*

uriner : libération du stress émotionnel. *Purification.*

usine de vêtements : une occasion d'interpréter de nouveaux rôles.

V

vacances : il est temps de faire une pause et de laisser de côté ses chères croyances et opinions. Portez un regard nouveau sur votre monde intérieur et profitez de ses ressources infinies. Il est temps de s'amuser, de se détendre, de reconstituer ses forces.

vaccination : protection. La capacité de traverser des expériences sans soucis ni inquiétudes.

vache : la vache est souvent un symbole sacré. Elle représente le maternage et l'alimentation, l'amour qui soutient la vie. *La maternité, le rôle de mère.*

vagabond : un potentiel inexploité, une piètre image de soi-même. Les capacités et les talents gaspillés à cause d'un manque de spiritualité.

vagin : réceptivité, ouverture, féminité, sensibilité. Un passage sûr vers l'évolution et le développement de sa personnalité. Représente les sentiments que l'on a à propos de la sexualité, du corps, de la féminité. Voir *pénis, organes génitaux.*

vague : chevaucher une vague signifie que l'on est mû par des émotions et des sentiments puissants. Être assis sur la plage en observant le mouvement des vagues suggère que l'on puise de l'énergie à l'extérieur de soi pour reconstituer ses forces. *Les changements, les hauts et les bas de la vie.*

valise : si vous faites vos valises, c'est que vous êtes en train de "ranger" vos problèmes au lieu d'y faire face et de chercher à les résoudre. Voir *bagages.*

vallée : le creux de la vague, les hauts et les bas de nos vies. Un lieu de repos, de détente. Une occasion d'élargir ses horizons, de prendre une nouvelle direction.

vampire : prendre l'énergie des autres, ou bien être dépouillé de sa propre énergie. Les pensées négatives engendrent l'inquiétude, l'angoisse et sapent notre énergie et notre pouvoir. Chacun de nous génère et maintien lui-même son niveau d'énergie.

vapeur : concocter de nouvelles idées.

varech : les complications affectives qui ralentissent votre évolution.

vase : les moyens de votre évolution. Votre beauté intérieure.

vautour : se débarrasser de vieux aspects de son être, de vieilles croyances et attitudes désormais inutiles. Se repaître de vieilles idées "avariées" au lieu de s'enrichir avec des idées créatrices, nouvelles et vivantes.

veau : jeunesse, gaieté, enjouement. *Tuer le veau gras* est synonyme d'abondance, de célébration.

végétarien : l'autodiscipline à travers un régime alimentaire. Choisissez avec soin vos aliments afin de maintenir votre équilibre aux plans physique, mental et spirituel.

véhicule : vous, votre façon de vous exprimer et d'agir. Les dimensions du véhicule déterminent la mesure dans laquelle vous réalisez votre potentiel. Le fait que vous conduisiez le véhicule ou que vous en soyez le passager indique dans quelle mesure vous maîtrisez votre vie et assumez vos responsabilités. La couleur du véhicule et la direction qu'il emprunte - vers le haut, vers le bas, en avant, en arrière - revêtent une grande importance. Voir chaque type de véhicule en particulier.

vendeur : s'ouvrir aux changements, aux idées nouvelles, aux façons nouvelles de considérer les choses. Avoir une conscience très précise de ce qui est bon pour soi afin d'éviter de se laisser entortiller.

venin : des attitudes profondément négatives. Colère, hostilité, agressivité dues à un sentiment d'insécurité, à la peur. *La haine de soi que l'on projette sur les autres.* Un manque d'amour de soi.

vent : changement. Un vent fort indique de grands changements, un vent léger, de petits changements.

vente aux enchères : se libérer de tout ce qui est indésirable (pensées, expériences, etc.) Une vente aux enchères volontaire signifie que vous avez tiré les enseignements du passé et que vous êtes en train de changer de vie. Une vente aux enchères forcée indique que vous opposez une résistance au changement en vous cramponnant à de vieilles idées et à de vieux ressentiments. Acheter des biens vendus aux enchères peut être positif ou négatif selon leurs qualités et les avantages que l'on peut en tirer.

vente : se motiver pour prendre une décision, pour agir. Peut également indiquer que vous vous rabaissez vous-même, que vous transigez avec votre conscience. Voir *vendeur.*

vénus : voir *planète.*

ver de terre : des aspects de vous-même que vous préférez ne pas voir ; tout ce qui en vous se repaît de “pourriture” ou de négativité. Symbolise un manque de lucidité, une piètre estime de soi-même. Les vers de terre préparent et enrichissent le sol ; faites comme eux et commencez à planter vos graines. *Découvrez votre beauté intérieure.*

ver : voir *pourriture.*

verger : voir *jardin.*

vernis : une protection. Embellir la réalité ou bien dissimuler ses erreurs. Symbolise une compréhension superficielle des choses. Voir le contexte du rêve.

verre : du verre brisé symbolise les illusions perdus, les espoirs et les rêves brisés, une conscience amoindrie. Voir *miroir.* Mâcher des morceaux de verre signale des difficultés à s'exprimer, la peur de communiquer, avec soi-même ou avec les autres. *Les remarques tranchantes.* Pour le verre à boire, voir *coupe.*

verrue : quelque chose dont vous n'avez plus besoin et qui peut être enlevé. Une partie de vous-même dure, calleuse et désormais inutile à votre évolution.

vert : évolution, guérison, expansivité, créativité. Voir *couleur.*

vertige : L'éparpillement des idées, des efforts, de la pensée. Il faut retrouver l'équilibre, centrer son énergie. *Être emporté dans un tourbillon d'activités pour de piètres résultats.*

vêtements de plongée : ils représentent une protection lorsque l'on explore les profondeurs de l'affectivité ou les parties inconscientes de son être.

vêtements : les rôles que vous interprétez ou les jeux auxquels vous vous livrez ; les attitudes que vous adoptez. Un rêve en costume peut indiquer une vie antérieure qui se signale à votre attention parce que les leçons que vous devez apprendre aujourd'hui sont les mêmes que celles auxquelles vous étiez confronté à l'époque.

vétérinaire : comprendre notre nature et nos instincts animaux, puis les sublimer.

veuf : Imprégnez-vous davantage d'énergies féminines. Trouvez un équilibre. Voir *féminin.*

veuve : faute de les développer ou de les utiliser, les aspects masculins de votre être sont en train de disparaître. Imprégnez-vous davantage d'énergies masculines. Efforcez-vous de trouver un équilibre. Voir *masculin.*

viande : selon le contenu du rêve indique la nécessité d'aller à la racine d'un problème ou bien celle de manger de la viande afin de rester centré.

victime : le refus de prendre son destin en main, de se libérer du passé pour faire place au nouveau ; le fait de jouer les martyrs ; l'incapacité à faire la distinction entre ce qui peut être changé et ce qui ne peut l'être. Vous devez abandonnez le rôle de victime si vous voulez vraiment trouvez le sens de votre vie. *Le refus.*

vide : faire le vide en soi, c'est éliminer toute négativité et se préparer à accueillir le nouveau. Assurez-vous de remplacer l'ancien par quelque chose de positif. On ne peut vivre dans le vide, c'est pourquoi il faut combler son être de pensées créatrices.

vide (sentiment de) : un manque d'amour de soi, d'énergie. L'incapacité à exploiter ses propres ressources. Concentrez-vous sur votre potentiel créatif pour reprendre votre évolution sur des bases nouvelles.

vidéo : voir *film.*

vierge : les aspects inconnus de soi-même, les dimensions inexplorées. La pureté, la complétude. Le mythe de la vierge qui serait la plus désirable des partenaires sexuelles est en réalité une croyance réductrice et néfaste aux relations amoureuses. Ce n'est que dans la maturité, dans le don de soi et l'acceptation de l'amour que l'expression de la relation et de l'ouverture à l'autre peut se manifester pleinement.

vieux : voir *ancien.*

vigne : votre corps ou vous-même. Voir *arbre.*

vignoble : les vendanges des expériences vécues. Les fruits de votre labeur. Plus les vignes sont vieilles et plus elles sont fructueuses. Voir *moisson, jardin.*

ville : un réseau complexe de personnes ou de parties de vous-même ; vous êtes obligé de communiquer et de coopérer avec autrui. Représente le besoin de vivre et de travailler ensemble, de tendre la main aux autres, de trouver un équilibre et de prendre son temps - pour respirer le parfum des roses, par exemple. *Une énergie intense.*

vin : célébration, détente. L'essence des expériences existentielles, le vin de la vie. L'harmonie spirituelle. Le vin représente le sang ou l'énergie de la vie spirituelle du Christ en nous. La communion avec soi-même, avec autrui, avec Dieu.

viol : vous perdez votre énergie en laissant l'influence négative de quelqu'un d'autre entamer votre pouvoir et l'estime que vous vous portez. N'a pas de signification sexuelle. Ne prenez pas ce type de rêve au pied de la lettre. Il indique simplement que vous risquez fort d'être "roulé".

violet : un protection spirituelle. *La conscience supérieure.*

visage : un visage inconnu peut représenter un aspect inexploré de soi-même, masculin ou féminin. *La nécessité de faire face à une situation, de ne pas se voiler la face.* Un visage flou ou recouvert de brume représente généralement un enseignant.

vison : les valeurs matérielles, le luxe, l'abondance. *Protection, chaleur, instincts animaux.*

vitesse : si vous vous déplacez à grande vitesse, c'est que votre vie est bien remplie ; vous apprendrez beaucoup de choses. Peut également indiquer la nécessité de ralentir son allure et d'équilibrer ses énergies.

voie de chemin de fer : vous êtes sur les rails et vous ne pouvez plus reculer. Suivez la voie de votre évolution personnelle.

voile de mariée : une fusion merveilleuse est en train de se produire en vous. Un très beau symbole.

voilier : l'affectivité. Vous êtes en train d'apprendre ou avez besoin d'apprendre comment naviguer dans les vents du changement, comment rester à flot dans les nombreux courants de la vie quotidienne. Voir *bateau.*

voiture : ce symbole vous représente dans votre vie quotidienne. Plus le véhicule est grand, et plus vous disposez d'un potentiel important pour réaliser vos projets. Si vous montez, c'est que vous êtes dans la bonne direction. Si vous descendez, c'est que vous êtes dans la mauvaise direction. Si vous montez et descendez à la fois, c'est que vous ne maîtrisez pas votre vie et que votre énergie s'éparpille. Si ce n'est pas vous qui conduisez, qui donc avez-vous autorisé à prendre votre place ? Reprenez le volant et reprenez votre destinée en main par la même occasion. Notez la couleur du véhicule et le nombre de personnes qui, éventuellement, vous accompagnent. Voir *nombre* et *couleur.*

volcan : l'éruption des émotions refoulées. Voir *explosion.*

voler : rêver que l'on est en train de voler signifie que l'on se trouve hors de son corps, libéré des limitations physiques. Lorsque vous pourrez contrôler consciemment votre rêve, vous pourrez diriger vos mouvements et vous déplacer dans le temps et dans l'espace. C'est l'état de veille qui est illusoire, et non le rêve. Posez toutes les questions que vous voulez et les réponses vous seront données.

vomir : rejeter toutes ses faiblesses et complaisances ; se débarrasser de tout excès, de toutes les idées et attitudes inutiles et indigestes. La nécessité de verbaliser ses émotions : ce que vous retenez en vous est en train de vous rendre malade.

vote : vos choix. Dans toute situation, vous avez la liberté de choisir. Prenez les bonnes décisions.

voûte : soutènement, charpente. Une voûte qui surplombe une fenêtre ou une ruelle signale une opportunité ou une orientation nouvelles.

voyage : une expérience, une leçon. *Avancer sur le chemin de l'évolution et de la compréhension de soi.* Si vous partez en voyage, c'est que vous partez à la découverte d'un nouvel aspect de vous-même. Symbolise la façon dont on perçoit les choses, les dépendances de tous ordres et les attitudes diverses. Un voyage n'est qu'un outil d'apprentissage, ni bon ni mauvais en soi. Au bout du compte, on apprend à dépasser toutes les sortes de voyages (ou convictions profondes).

Y

yeux : votre vision actuelle des choses. Un œil seul représente le corps spirituel, l'œil de Dieu, la conscience élargie et une juste vision des choses. *Vérité, pouvoir, perception extra-sensorielle.* Une pair d'yeux ouverts indique une vision claire des choses ;

des yeux fermés indique que l'on refuse de regarder la vérité en face. Voir *aveugle.*

yin et yang : le symbole chinois de l'union dynamique des contraires. Le secret des transformations, de la vie, de la mort et de la régénération dans l'univers. Le principe yin représente la féminité, la création, l'intuition, la réceptivité, l'obscurité, la négativité, le corps et l'inconscient. Le principe yang représente la masculinité, l'intellect, la force, l'esprit, la conscience. Les énergies polaires s'expriment le mieux lorsqu'elles s'unissent. Nous devons réaliser l'équilibre des énergies mâle et femelle pour pouvoir nous dégager du plan terrestre. Voir *féminin, masculin.*

yoga : l'harmonie du corps, de l'esprit et de l'âme. L'intégration, l'unité. Voir *méditation.*

yo-yo : les hauts et les bas de l'affectivité. Le fait de ne pas tirer les enseignements des expériences vécues, de répéter sans cesse les mêmes vieux schémas.

Z

zèbre : un mélange de connu et d'inconnu, de blanc et de noir, de différentes parties de soi-même. L'équilibre entre les énergies masculines et féminines. Les paradoxes de votre nature profonde.

zen : le chemin de l'intuition. La méditation et la discipline spirituelles.

zéro : voir *nombres.*

zodiaque : le principe du temps. Le potentiel d'expression et de réalisation dans la dimension spatio-temporelle. L'apogée de tous les aspects de votre être, de votre potentiel intérieur. L'équilibre interne. *La terre, l'air, le feu et l'eau.* Voir *astrologie, horoscope.*

zombi : celui qui n'est plus en phase avec ses émotions et ses sentiments, qui est incapable d'évoluer aux plans mental, émotionnel et spirituel. La peur qui interdit de vivre. Le manque d'amour de soi. Une énergie faible. Desserrez l'étreinte qui vous paralyse et remettez-vous peu à peu en phase avec le flot de la vie en vous extirpant de votre tombe. Rejoignez les rangs des vivants. La peur n'est qu'une illusion, et la seule façon d'avancer est l'ascension.

zoo : différentes façons d'exprimer les instincts animaux qui sont emprisonnés en nous-mêmes. *Considérer la vie comme un zoo.* Les innombrables variations des énergies mentales, émotionnelles et spirituelles. N'oubliez pas de rire de vous-même, de vous montrer compréhensif et bienveillant envers les nombreuses formes d'expression de votre être. Autre sens : *votre vie est actuellement chaotique. Détendez-vous et amusez-vous.*

Les Éditions Vivez Soleil

Beaucoup de gens croient que la maladie survient par hasard et que la santé consiste surtout à vivre comme un ascète en se privant des plaisirs de la vie ! Au fil des livres et cassettes des Éditions Vivez Soleil une autre vision émerge. Oui, il est possible de sortir de l'ignorance, de la peur et de la maladie sans se priver ni se marginaliser. Oui, la santé, ça s'apprend !

Par une démarche personnelle d'information et d'expériences agréables et intéressantes, chacun peut sortir de la prison des habitudes et trouver l'équilibre du corps, du cœur, de la tête et de l'âme qui mène vers le bien-être, l'enthousiasme, la créativité et le bonheur.

A travers leurs collections Santé, Déve-loppement Personnel et Communication Spirituelle, Les Perles de l'Âme, Expérience Vécue, les Éditions Vivez Soleil présentent les moyens les plus efficaces pour gérer sa vie et sa santé avec succès. Elles montrent la complé-mentarité de toutes les écoles de pensée et œuvrent pour une société plus harmonieuse, plus agréable à vivre, où la compétition est remplacée par la collaboration, le stress par l'humour et l'amour du pouvoir par le pouvoir de l'amour.

DANS LA MÊME COLLECTION :

Les nombres de votre vie de François Notter
Découvrez votre vraie personnalité et celle des autres de Wagele et Baron
Pensées pour transformer votre vie de Louise Hay
Votre avenir révélé de R. et A. Sorell
Secrets de jeunesse éternelle avec les cinq tibétains de P. Kelder
Mieux voir du Dr Tal Schaller
Cahier pratique pour transformer votre vie de L. Hay
Comment devenir et rester une femme épanouie de Claire Bouchard
Choisissez la santé avec la médecine douce de Thierry Bernardin
Les 22 lois du bien-être de Greg Anderson
Conseils pratiques à une jeune mère du Dr Tal Schaller
Les 10 secrets de l'amour de A. Jackson
Les 10 secrets de la santé de A. Jackson
Les 10 secrets de la prospérité de A. Jackson
Les 10 secrets du bonheur de A. Jackson
Réalisez vos rêves avec la pensée positive de J. Razanamahay et du Dr Schaller

Achevé d'imprimer
sur les presses de
Marcel Bon Imprimeur
70000 Vesoul
Dépôt légal n° 4958 - Mars 2003

Imprimé en France